Verordnung über den Schutz vor Schäden durch Röntgenstrahlen

(Röntgenverordnung - RöV)

Impressum

© GROELSV – Verlag, Hans-Much-Weg 14, 20249 Hamburg, Telefon: 040/ 32030598; - Redaktion GROELSV

Wir sind bemüht, ein ansprechendes Produkt zu gestalten, dass vernünftigen Ansprüchen an das Preis/Leistungsverhältnis gerecht wird. Buchbewertungen, z. B. über den Distributor Amazon sind ausdrücklich erwünscht. Konstruktive Anregungen nutzen wir gerne, um künftige Auflagen zu ergänzen und anzupassen.

Die Rechte am Werk, insbesondere für die Zusammenstellung, die Cover- und weitere Gestaltung liegen beim Verlag. Trotz sorgfältigster Bearbeitung und Qualitätskontrolle können Übertragungsfehler und technische Fehler nicht letztgültig ausgeschlossen werden. Fachanwaltliche Beratung wird durch die Konsultation einer Rechtssammlung nicht ersetzt.

1

Inhaltsverzeichnis

Verordnung über den Schutz vor Schäden durch Röntgenstrahlen (Röntgenverordnung – RöV)

-

Ausfertigungsdatum: 08.01.1987

"Röntgenverordnung in der Fassung der Bekanntmachung vom 30. April 2003 (BGBl. I S. 604), die zuletzt durch Artikel 6 der Verordnung vom 11. Dezember 2014 (BGBl. I S. 2010) geändert worden ist"

Stand: Neugefasst durch Bek. v. 30. 4.2003 I 604;

zuletzt geändert durch Art. 6 V v. 11.12.2014 I 2010

Die Verordnung zur Änderung der Röntgenverordnung dient der Umsetzung der Richtlinie 96/29/EURATOM des Rates vom 13. Mai 1996 zur Festlegung der grundlegenden Sicherheitsnormen für den Schutz der Gesundheit der Arbeitskräfte und der Bevölkerung gegen die Gefahren durch ionisierende Strahlungen (ABl. EG Nr. L 159 S. 1) und der Richtlinie 97/43/EURATOM des Rates vom 30. Juni 1997 über den Gesundheitsschutz von Personen gegen die Gefahren ionisierender Strahlung bei medizinischer Exposition und zur Aufhebung der Richtlinie 84/466/EURATOM (ABl. EG Nr. L 180 S. 22).

Abschnitt 1
Allgemeine Vorschriften

-

§ 1 Anwendungsbereich

Diese Verordnung gilt für Röntgeneinrichtungen und Störstrahler, in denen Röntgenstrahlung mit einer Grenzenergie von mindestens fünf Kiloelektronvolt durch beschleunigte Elektronen erzeugt werden kann und bei denen die Beschleunigung der Elektronen auf eine Energie von einem

Megaelektronvolt begrenzt ist.

-

§ 2 Begriffsbestimmungen

Im Sinne dieser Verordnung sind:

1.

Anwendung von Röntgenstrahlung am Menschen:
Technische Durchführung und

a)

Befundung einer Röntgenuntersuchung oder

b)

Überprüfung und Beurteilung des Ergebnisses einer
Röntgenbehandlung,

nachdem eine Person nach § 24 Abs. 1 Nr. 1 oder 2 eine
rechtfertigende Indikation gestellt hat.

2.

Basisbild:
Analoges oder digitales Ausgangsbild, welches Grundlage für eine
Bearbeitung, Übertragung, Speicherung oder Darstellung ist.

2a.

Basisschutzgerät:
Röntgeneinrichtung, die den Vorschriften der Anlage 2 Nummer 6
entspricht.

3.

Betrieb einer Röntgeneinrichtung:
Eigenverantwortliches Verwenden oder Bereithalten einer
Röntgeneinrichtung zur Erzeugung von Röntgenstrahlung. Zum Betrieb
gehört nicht die Erzeugung von Röntgenstrahlung im Zusammenhang
mit der geschäftsmäßigen Prüfung, Erprobung, Wartung oder
Instandsetzung der Röntgeneinrichtung. Röntgeneinrichtungen werden
ferner nicht betrieben, soweit sie im Bereich der Bundeswehr oder des
Zivilschutzes ausschließlich für den Einsatzfall geprüft, erprobt,
gewartet, instand gesetzt oder bereitgehalten werden. Die Sätze 1 bis 3
gelten für Störstrahler entsprechend.

4.

Betriebsbedingungen, maximale:
Kombination der technischen Einstellparameter, die unter normalen
Betriebsbedingungen bei Röntgenstrahlern nach Anlage 2 Nr. 1.1,
Röntgeneinrichtungen nach Anlage 2 Nummer 2 bis 4 und 6 und
Störstrahlern nach Anlage 2 Nr. 5 zur höchsten Ortsdosisleistung und

bei Röntgenstrahlern nach Anlage 1 und Anlage 2 Nr. 1.2 zur höchsten mittleren Ortsdosisleistung führen. Hierzu gehören die Spannung für die Beschleunigung von Elektronen, der Röntgenröhrenstrom und gegebenenfalls weitere Parameter wie Einschaltzeit oder Elektrodenabstand.

5.

Bildqualität,

a)

diagnostische:
Darstellung der diagnostisch wichtigen Bildmerkmale, Details und kritischen Strukturen nach dem Stand der Technik und der Heilkunde oder Zahnheilkunde,

b)

physikalische:
Verhältnis zwischen den Strukturen eines Prüfkörpers und den Kenngrößen ihrer Abbildung.

6.

Dosis:

a)

Äquivalentdosis:
Produkt aus Energiedosis (absorbierte Dosis) im ICRU-Weichteilgewebe und dem Qualitätsfaktor Q des Berichts Nr. 51 der International Commission on Radiation Units and Measurements (ICRU report 51, ICRU Publications, 7910 Woodmont Avenue, Suite 800, Bethesda, Maryland 20814, U.S.A.). Beim Vorliegen mehrerer Strahlungsarten und -energien ist die gesamte Äquivalentdosis die Summe ihrer ermittelten Einzelbeiträge. Die Einheit der Äquivalentdosis ist das Sievert (Sv).

b)

Effektive Dosis:
Summe der gewichteten Organdosen in den in Anlage 3 angegebenen Geweben oder Organen des Körpers durch äußere Strahlenexposition. Die Einheit der effektiven Dosis ist das Sievert (Sv).

c)

Körperdosis:
Sammelbegriff für Organdosis und effektive Dosis.

d)

Organdosis:
Produkt aus der mittleren Energiedosis in einem Organ, Gewebe oder Körperteil und dem Strahlungs-Wichtungsfaktor W(tief)R. Für Röntgen- und Elektronenstrahlung hat der Strahlungs-Wichtungsfaktor den Wert

1. Die Einheit der Organdosis ist das Sievert (Sv).
Soweit in den §§ 31, 31a, 31c, 32 und 35 Werte oder Grenzwerte für die Organdosis der Haut festgelegt sind, beziehen sie sich auf die lokale Hautdosis. Die lokale Hautdosis ist das Produkt der gemittelten Energiedosis der Haut in 0,07 Millimeter Gewebetiefe und dem Strahlungs-Wichtungsfaktor. Die Mittelungsfläche beträgt 1 Quadratzentimeter, unabhängig von der exponierten Hautfläche.

e)
    Ortsdosis:
Äquivalentdosis, gemessen an einem bestimmten Ort. Messgrößen für die Ortsdosimetrie sind die Umgebungs-Äquivalentdosis H*(10) und die Richtungs-Äquivalentdosis H'(0,07, Omega). Die Umgebungs-Äquivalentdosis H*(10) am interessierenden Punkt im tatsächlichen Strahlungsfeld ist die Äquivalentdosis, die im zugehörigen ausgerichteten und aufgeweiteten Strahlungsfeld in 10 Millimeter Tiefe in der ICRU-Kugel auf dem der Einfallsrichtung der Strahlung entgegengesetzt orientierten Radius erzeugt würde. Die Richtungs-Äquivalentdosis H'(0,07, Omega) am interessierenden Punkt im tatsächlichen Strahlungsfeld ist die Äquivalentdosis, die im zugehörigen aufgeweiteten Strahlungsfeld in 0,07 Millimeter Tiefe auf einem in festgelegter Richtung Omega orientierten Radius der ICRU-Kugel erzeugt würde. Dabei ist

    aa)
        ein aufgeweitetes Strahlungsfeld ein idealisiertes Strahlungsfeld, in dem die Teilchenflussdichte und die Energie- und Richtungsverteilung der Strahlung an allen Punkten eines ausreichend großen Volumens die gleichen Werte aufweist wie das tatsächliche Strahlungsfeld am interessierenden Punkt,

    bb)
        ein aufgeweitetes und ausgerichtetes Feld ein idealisiertes Strahlungsfeld, das aufgeweitet und in dem die Strahlung zusätzlich in eine Richtung ausgerichtet ist,

    cc)
        die ICRU-Kugel ein kugelförmiges Phantom von 30 Zentimeter Durchmesser aus ICRU-Weichteilgewebe (gewebeäquivalentes Material der Dichte 1 g/cm3, Zusammensetzung: 76,2% Sauerstoff, 11,1% Kohlenstoff, 10,1% Wasserstoff, 2,6% Stickstoff).
    Die Einheit der Ortsdosis ist das Sievert (Sv).

f)

Ortsdosisleistung:
In einem bestimmten Zeitintervall erzeugte Ortsdosis, dividiert durch die Länge des Zeitintervalls.

g)
Personendosis:
Äquivalentdosis, gemessen an der für die Strahlenexposition repräsentativen Stelle der Körperoberfläche. Messgrößen für die Personendosimetrie sind die Tiefen-Personendosis $H(tief)p(10)$ und die Oberflächen-Personendosis $H(tief)p(0,07)$. Die Tiefen-Personendosis $H(tief)p(10)$ ist die Äquivalentdosis in 10 Millimeter Tiefe im Körper an der Tragestelle des Personendosimeters. Die Oberflächen-Personendosis $H(tief)p(0,07)$ ist die Äquivalentdosis in 0,07 Millimeter Tiefe im Körper an der Tragestelle des Personendosimeters. Die Einheit der Personendosis ist das Sievert (Sv).

7.
Durchführung, technische:
Einstellen der technischen Parameter an der Röntgeneinrichtung, Lagern des Patienten oder des Tieres unter Beachtung der Einstelltechnik, Zentrieren und Begrenzen des Nutzstrahls, Durchführen von Strahlenschutzmaßnahmen und Auslösen der Strahlung.

8.
Forschung, medizinische:
Anwendung von Röntgenstrahlung am Menschen, soweit sie der Fortentwicklung der Heilkunde, Zahnheilkunde oder der medizinischen Wissenschaft und nicht in erster Linie der Untersuchung oder Behandlung des einzelnen Patienten dient.

9.
Hochschutzgerät:
Röntgeneinrichtung, die den Vorschriften der Anlage 2 Nr. 2 entspricht.

10.
Indikation, rechtfertigende:
Entscheidung eines Arztes oder Zahnarztes mit der erforderlichen Fachkunde im Strahlenschutz, dass und in welcher Weise Röntgenstrahlung am Menschen in der Heilkunde oder Zahnheilkunde angewendet wird.

11.
Medizinphysik-Experte:
In medizinischer Physik besonders ausgebildeter Diplom-Physiker mit der erforderlichen Fachkunde im Strahlenschutz oder eine inhaltlich gleichwertig ausgebildete sonstige Person mit Hochschul- oder Fachhochschulabschluss und mit der erforderlichen Fachkunde im

Strahlenschutz.

12. Person, helfende:
Eine einwilligungsfähige oder mit Einwilligung ihres gesetzlichen Vertreters handelnde Person, die außerhalb ihrer beruflichen Tätigkeit freiwillig Personen unterstützt oder betreut, an denen in Ausübung der Heilkunde oder der Zahnheilkunde oder im Rahmen der medizinischen Forschung oder zugelassener Röntgenreihenuntersuchungen Röntgenstrahlung angewendet wird.

12a. Proband, gesunder:
Person, an der zum Zweck der medizinischen Forschung Röntgenstrahlung angewendet wird und bei der in Bezug auf ein Forschungsvorhaben, das nach § 28a genehmigungsbedürftig ist, keine Krankheit, deren Erforschung Gegenstand des Vorhabens ist, oder kein entsprechender Krankheitsverdacht vorliegt.

13. Referenzwerte, diagnostische:
Dosiswerte für typische Untersuchungen mit Röntgenstrahlung, bezogen auf Standardphantome oder auf Patientengruppen mit Standardmaßen, mit für die jeweilige Untersuchungsart geeigneten Röntgeneinrichtungen und Untersuchungsverfahren.

14. Röntgeneinrichtung:
Einrichtung, die zum Zweck der Erzeugung von Röntgenstrahlung betrieben wird einschließlich Anwendungsgeräte, Zusatzgeräte und Zubehör, der erforderlichen Software sowie Vorrichtungen zur medizinischen Befundung.

15. Röntgenpass:
Von der untersuchten Person freiwillig geführtes Dokument, das Angaben über den Zeitpunkt einer Röntgenuntersuchung, die untersuchte Körperregion, die Art der Untersuchung und den untersuchenden Arzt enthält.

16. Röntgenstrahler:
Bestandteil einer Röntgeneinrichtung, bestehend aus Röntgenröhre und Röhrenschutzgehäuse, bei einem Einkesselgerät auch dem Hochspannungserzeuger.

17. Schulröntgeneinrichtung:

8

Röntgeneinrichtung zum Betrieb im Zusammenhang mit dem Unterricht in Schulen, die den Vorschriften der Anlage 2 Nr. 4 entspricht.

18.
Störstrahler:
Geräte oder Vorrichtungen, in denen ausschließlich Elektronen beschleunigt werden und die Röntgenstrahlung erzeugen, ohne dass sie zu diesem Zweck betrieben werden. Als Störstrahler gelten auch Elektronenmikroskope, bei denen die erzeugte Röntgenstrahlung durch Detektoren ausgewertet wird.

19.
Strahlenexposition:
Einwirkung ionisierender Strahlung auf den menschlichen Körper. Ganzkörperexposition ist die Einwirkung ionisierender Strahlung auf den ganzen Körper, Teilkörperexposition ist die Einwirkung ionisierender Strahlung auf einzelne Organe, Gewebe oder Körperteile.

20.
Strahlenexposition, berufliche:
Die Strahlenexposition einer Person, die
a)
zum Ausübenden einer Tätigkeit nach dieser Verordnung in einem Beschäftigungs- oder Ausbildungsverhältnis steht oder diese Tätigkeit selbst ausübt,
b)
eine Aufgabe nach § 19 oder § 20 des Atomgesetzes wahrnimmt,
c)
im Rahmen des § 6 Abs. 1 Nr. 1 oder 2 dieser Verordnung Röntgeneinrichtungen oder Störstrahler prüft, erprobt, wartet oder instand setzt oder
d)
im Rahmen des § 6 Abs. 1 Nr. 3 dieser Verordnung im Zusammenhang mit dem Betrieb einer fremden Röntgeneinrichtung oder eines fremden Störstrahlers beschäftigt ist oder Aufgaben selbst wahrnimmt.
Eine nicht mit der Berufsausübung zusammenhängende Strahlenexposition bleibt dabei unberücksichtigt.

21.
Strahlenexposition, medizinische:
a)
Exposition einer Person im Rahmen ihrer Untersuchung oder Behandlung mit Röntgenstrahlung in der Heilkunde oder Zahnheilkunde (Patient),

b)

Exposition einer Person, an der mit ihrer Einwilligung oder mit Einwilligung ihres gesetzlichen Vertreters Röntgenstrahlung in der medizinischen Forschung angewendet wird (Proband),

c)

Exposition einer Person im Rahmen ihrer Untersuchung mit Röntgenstrahlung nach Vorschriften des allgemeinen Arbeitsschutzes,

d)

Exposition einer Person im Rahmen einer Reihenuntersuchung mit Röntgenstrahlung zur Früherkennung von Krankheiten.

22.

Strahlenschutzbereiche:
Überwachungsbereich oder Kontrollbereich.

23.

Tätigkeiten:
Der Betrieb, die Prüfung, Erprobung, Wartung oder Instandsetzung von Röntgeneinrichtungen oder Störstrahlern.

24.

Teleradiologie:
Untersuchung eines Menschen mit Röntgenstrahlung unter der Verantwortung eines Arztes nach § 24 Abs. 1 Nr. 1, der sich nicht am Ort der technischen Durchführung befindet und der mit Hilfe elektronischer Datenübertragung und Telekommunikation insbesondere zur rechtfertigenden Indikation und Befundung unmittelbar mit den Personen am Ort der technischen Durchführung in Verbindung steht.

24a.

Tierbegleitperson:
Eine einwilligungsfähige Person, die das 18. Lebensjahr vollendet hat und die außerhalb ihrer beruflichen Tätigkeit freiwillig ein Tier begleitet, an dem in Ausübung der Tierheilkunde Röntgenstrahlung angewendet wird.

25.

Vollschutzgerät:
Röntgeneinrichtung, die den Vorschriften der Anlage 2 Nr. 3 entspricht.

26.

Vorsorge, arbeitsmedizinische:
Ärztliche Untersuchung, gesundheitliche Beurteilung und Beratung beruflich strahlenexponierter Personen durch einen Arzt nach § 41 Abs. 1 Satz 1.

Abschnitt 1a

Strahlenschutzgrundsätze

§ 2a Rechtfertigung

(1) Neue Arten von Tätigkeiten, mit denen Strahlenexpositionen von Mensch und Umwelt verbunden sein können, müssen unter Abwägung ihres wirtschaftlichen, sozialen oder sonstigen Nutzens gegenüber der möglicherweise von ihnen ausgehenden gesundheitlichen Beeinträchtigung gerechtfertigt sein. Die Rechtfertigung bestehender Arten von Tätigkeiten kann überprüft werden, sobald wesentliche neue Erkenntnisse über den Nutzen oder die Auswirkungen der Tätigkeit vorliegen.
(2) Medizinische Strahlenexpositionen im Rahmen der Heilkunde, Zahnheilkunde oder der medizinischen Forschung müssen einen hinreichenden Nutzen erbringen, wobei ihr Gesamtpotenzial an diagnostischem oder therapeutischem Nutzen einschließlich des unmittelbaren gesundheitlichen Nutzens für den Einzelnen und des Nutzens für die Gesellschaft abzuwägen ist gegenüber der von der Strahlenexposition möglicherweise verursachten Schädigung des Einzelnen.
(3) Die in Anlage 5 genannten Tätigkeitsarten sind nicht gerechtfertigt.

§ 2b Dosisbegrenzung

Wer eine Tätigkeit nach dieser Verordnung plant, ausübt oder ausüben lässt, ist verpflichtet, dafür zu sorgen, dass die Dosisgrenzwerte dieser Verordnung nicht überschritten werden.

§ 2c Vermeidung unnötiger Strahlenexposition und Dosisreduzierung

(1) Wer eine Tätigkeit nach dieser Verordnung plant, ausübt oder ausüben lässt, ist verpflichtet, jede unnötige Strahlenexposition von Mensch und Umwelt zu vermeiden.
(2) Wer eine Tätigkeit nach dieser Verordnung plant, ausübt oder ausüben lässt, ist verpflichtet, jede Strahlenexposition von Mensch und Umwelt unter Beachtung des Standes der Technik und unter Berücksichtigung aller Umstände des Einzelfalles auch unterhalb der Grenzwerte so gering wie möglich zu halten.

11

Abschnitt 2
Überwachungsvorschriften

Unterabschnitt 1
Betrieb von Röntgeneinrichtungen und Störstrahlern

§ 3 Genehmigungsbedürftiger Betrieb von Röntgeneinrichtungen

(1) Wer eine Röntgeneinrichtung betreibt oder deren Betrieb wesentlich verändert, bedarf der Genehmigung.

(2) Die Genehmigung ist zu erteilen, wenn

1.

   keine Tatsachen vorliegen, aus denen sich Bedenken gegen die Zuverlässigkeit

   a)

   des Antragstellers, seines gesetzlichen Vertreters oder, bei juristischen Personen oder nicht rechtsfähigen Personenvereinigungen, der nach Gesetz, Satzung oder Gesellschaftsvertrag zur Vertretung oder Geschäftsführung Berechtigten oder

   b)

   eines Strahlenschutzbeauftragten

   ergeben,

2.

   die für den sicheren Betrieb der Röntgeneinrichtung notwendige Anzahl von Strahlenschutzbeauftragten vorhanden ist und ihnen die für die Erfüllung ihrer Aufgaben erforderlichen Befugnisse eingeräumt sind,

3.

   jeder Strahlenschutzbeauftragte oder, falls ein Strahlenschutzbeauftragter nicht notwendig ist, eine der in Nummer 1 Buchstabe a genannten Personen die erforderliche Fachkunde im Strahlenschutz besitzt,

4.

   gewährleistet ist, dass die beim Betrieb der Röntgeneinrichtung sonst tätigen Personen die notwendigen Kenntnisse über die mögliche Strahlengefährdung und die anzuwendenden Schutzmaßnahmen besitzen,

5.

   gewährleistet ist, dass beim Betrieb der Röntgeneinrichtung die

Ausrüstungen vorhanden und die Maßnahmen getroffen sind, die nach dem Stand der Technik erforderlich sind, damit die Schutzvorschriften eingehalten werden,

6.

keine Tatsachen vorliegen, aus denen sich Bedenken ergeben, dass das für die sichere Ausführung des Betriebes notwendige Personal nicht vorhanden ist,

7.

§ 2a Abs. 3 dem beabsichtigten Betrieb nicht entgegensteht und

8.

dem Betrieb sonstige öffentlich-rechtliche Vorschriften nicht entgegenstehen.

(3) Für eine Genehmigung zum Betrieb einer Röntgeneinrichtung zur Anwendung von Röntgenstrahlung am Menschen müssen zusätzlich zu Absatz 2 folgende Voraussetzungen erfüllt sein:

1.

Der Antragsteller oder der von ihm bestellte Strahlenschutzbeauftragte ist als Arzt oder Zahnarzt approbiert oder ihm ist die vorübergehende Ausübung des ärztlichen oder zahnärztlichen Berufs erlaubt;

2.

es ist gewährleistet, dass

a)

bei der vorgesehenen Art der Untersuchung die erforderliche Bildqualität mit einer möglichst geringen Strahlenexposition erreicht wird; dabei sind für die Prüfung, ob dieses Produkt für die vorgesehene Anwendung geeignet ist, die Angaben zur Zweckbestimmung des Medizinproduktes oder des Zubehörs im Sinne des Medizinproduktegesetzes zu beachten,

b)

soweit es sich nicht um eine Röntgeneinrichtung handelt, die vor dem 1. Juli 2002 erstmalig in Betrieb genommen worden ist, Vorrichtungen zur Anzeige der Strahlenexposition des Patienten vorhanden sind oder, falls dies nach dem Stand der Technik nicht möglich ist, die Strahlenexposition des Patienten auf andere Weise unmittelbar ermittelt werden kann,

c)

soweit es die Art der Behandlung von Menschen erfordert, ein Medizinphysik-Experte bei der Bestrahlungsplanung mitwirkt und während der Durchführung der Behandlung verfügbar ist und

d)

soweit es die Art der Untersuchung erfordert, bei der

Untersuchung von Menschen ein Medizinphysik-Experte zur Beratung in Fragen der Optimierung, insbesondere Patientendosimetrie und Qualitätssicherung einschließlich Qualitätskontrolle, und erforderlichenfalls zur Beratung in weiteren Fragen des Strahlenschutzes bei medizinischen Expositionen hinzugezogen werden kann.

(4) Für eine Genehmigung zum Betrieb einer Röntgeneinrichtung zur Teleradiologie müssen zusätzlich zu den Absätzen 2 und 3 folgende Voraussetzungen erfüllt sein:

Es ist gewährleistet, dass

1.

eine Person nach § 24 Abs. 1 Nr. 1, die sich nicht am Ort der technischen Durchführung der Untersuchung befindet, nach eingehender Beratung mit dem Arzt nach Nummer 3 die rechtfertigende Indikation nach § 23 Abs. 1 für die Anwendung von Röntgenstrahlung am Menschen stellt, die Untersuchungsergebnisse befundet und die ärztliche Verantwortung für die Anwendung der Röntgenstrahlung trägt,

2.

die technische Durchführung durch eine Person nach § 24 Abs. 2 Nr. 1 oder 2 erfolgt,

3.

am Ort der technischen Durchführung ein Arzt mit den erforderlichen Kenntnissen im Strahlenschutz vorhanden ist, der insbesondere die zur Feststellung der rechtfertigenden Indikation erforderlichen Angaben ermittelt und an die Person nach Nummer 1 weiterleitet sowie den Patienten aufklärt,

4.

die Person nach Nummer 1 mittels Telekommunikation unmittelbar mit den Personen nach den Nummern 2 und 3 in Verbindung steht,

5.

die elektronische Datenübertragung und die Bildwiedergabeeinrichtung am Ort der Befundung dem Stand der Technik entsprechen und eine Beeinträchtigung der diagnostischen Aussagekraft der übermittelten Daten und Bilder nicht eintritt und

6.

die Person nach Nummer 1 oder in begründeten Fällen eine andere Person nach § 24 Abs. 1 Nr. 1 innerhalb eines für eine Notfallversorgung erforderlichen Zeitraumes am Ort der technischen Durchführung eintreffen kann.

Die Genehmigung zum Betrieb einer Röntgeneinrichtung zur Teleradiologie ist auf den Nacht-, Wochenend- und Feiertagsdienst zu beschränken. Sie kann über den Nacht-, Wochenend- und Feiertagsdienst hinaus erteilt werden, wenn zusätzlich zu den Voraussetzungen nach Satz 1 ein Bedürfnis im Hinblick auf die Patientenversorgung besteht. Eine Genehmigung nach Satz 3 ist auf längstens drei Jahre zu befristen.

(4a) Für eine Genehmigung zum Betrieb einer Röntgeneinrichtung zur Untersuchung von Menschen im Rahmen freiwilliger Röntgenreihenuntersuchungen nach § 25 Absatz 1 Satz 2 muss zusätzlich zu den Absätzen 2 und 3

1.

der Antragsteller oder der von ihm bestellte Strahlenschutzbeauftragte die für den Betrieb einer Röntgeneinrichtung zur Anwendung von Röntgenstrahlung am Menschen im Rahmen freiwilliger Röntgenreihenuntersuchungen nach § 25 Absatz 1 Satz 2 erforderliche Fachkunde im Strahlenschutz besitzen,

2.

jede Person nach § 24 Absatz 1 Nummer 1 oder Nummer 2, die Röntgenstrahlung im Rahmen freiwilliger Röntgenreihenuntersuchungen anwendet, die hierfür erforderliche Fachkunde im Strahlenschutz besitzen,

3.

jede Person nach § 24 Absatz 2, die eine Untersuchung im Rahmen freiwilliger Röntgenreihenuntersuchungen technisch durchführt, die hierfür erforderliche Fachkunde oder die hierfür erforderlichen Kenntnisse im Strahlenschutz besitzen und

4.

gewährleistet sein, dass

a)

eine Person nach § 24 Absatz 2 Nummer 1 oder Nummer 2 die Untersuchung technisch durchführt, sofern am Untersuchungsort keine Person nach § 24 Absatz 1 Nummer 1 oder Nummer 2 mit der für die Untersuchung erforderlichen Fachkunde im Strahlenschutz anwesend ist,

b)

abweichend von Absatz 3 Nummer 2 Buchstabe b die Röntgeneinrichtung in jedem Fall eine Vorrichtung zur Anzeige der Strahlenexposition aufweist,

c)

die Ausrüstungen vorhanden und die Maßnahmen getroffen sind, die nach dem Stand der Technik erforderlich sind, damit die Anforderungen an den Betrieb der Röntgeneinrichtung im Rahmen freiwilliger Röntgenreihenuntersuchungen erfüllt sind, und

15

d)

bei Röntgeneinrichtungen mit digitalem Bildempfänger alle Befundungseinrichtungen den besonderen Anforderungen der vorgesehenen Untersuchungsart genügen und die von der jeweiligen Röntgeneinrichtung ausgegebenen Befundbilder mit denen der anderen Röntgeneinrichtungen übereinstimmen.

Eine Genehmigung nach Satz 1 ist auf längstens fünf Jahre zu befristen.

(5) Für eine Genehmigung zum Betrieb einer Röntgeneinrichtung zur Anwendung von Röntgenstrahlung in der Tierheilkunde muss zusätzlich zu den Voraussetzungen nach Absatz 2 der Antragsteller oder der von ihm bestellte Strahlenschutzbeauftragte als Tierarzt, Arzt oder Zahnarzt oder approbiert oder zur vorübergehenden Ausübung des tierärztlichen, ärztlichen oder zahnärztlichen Berufs berechtigt sein.

(6) Die Anforderungen an die Beschaffenheit von Röntgeneinrichtungen, die Medizinprodukte oder Zubehör im Sinne des Medizinproduktegesetzes sind, richten sich nach den jeweils geltenden Anforderungen des Medizinproduktegesetzes.

(7) Dem Genehmigungsantrag sind die zur Prüfung erforderlichen Unterlagen beizufügen, insbesondere

1.

erläuternde Pläne, Zeichnungen und Beschreibungen,

2.

die Bescheinigung nach § 18a Abs. 1 Satz 3,

3.

Angaben, die es ermöglichen zu prüfen, ob Absatz 2 Nr. 5 eingehalten wird und

4.

im Zusammenhang mit

a)

der Anwendung am Menschen Angaben, die es ermöglichen zu prüfen, ob die Voraussetzungen des Absatzes 3,

b)

dem teleradiologischen Einsatz Angaben, die es ermöglichen zu prüfen, ob die Voraussetzungen des Absatzes 4 oder

c)

der Anwendung am Tier Angaben, die es ermöglichen zu prüfen, ob die Voraussetzungen des Absatzes 5

erfüllt sind.

(8) Wer den Betrieb einer Röntgeneinrichtung beendet, hat dies den zuständigen Stellen unverzüglich mitzuteilen.

-

§ 4 Anzeigebedürftiger Betrieb von Röntgeneinrichtungen

(1) Einer Genehmigung nach § 3 Abs. 1 bedarf nicht, wer eine Röntgeneinrichtung betreibt,

1.
deren Röntgenstrahler nach § 8 Abs. 1 in Verbindung mit Anlage 1 oder Anlage 2 Nr. 1 bauartzugelassen ist,

2.
deren Herstellung und erstmaliges In-Verkehr-Bringen unter den Anwendungsbereich des Medizinproduktegesetzes fällt oder

3.
die nach Nummer 2 in Verkehr gebracht worden ist und außerhalb der Heilkunde oder Zahnheilkunde eingesetzt wird,

wenn er die Inbetriebnahme der zuständigen Behörde spätestens zwei Wochen vorher anzeigt.

(2) Der Anzeige nach Absatz 1 Nr. 1, 2 oder 3 sind beizufügen:

1.
ein Abdruck der Bescheinigung einschließlich des Prüfberichtes eines Sachverständigen nach § 4a, in der

a)
die Röntgeneinrichtung und der vorgesehene Betrieb beschrieben sind,

b)
festgestellt ist, dass der Röntgenstrahler bauartzugelassen oder die Röntgeneinrichtung nach den Vorschriften des Medizinproduktegesetzes erstmalig in Verkehr gebracht worden ist,

c)
festgestellt ist, dass für den vorgesehenen Betrieb die Anforderungen nach § 3 Abs. 2 Nr. 5 erfüllt sind,

d)
festgestellt ist, dass bei einer Röntgeneinrichtung zur Anwendung von Röntgenstrahlung am Menschen die Voraussetzungen nach § 3 Abs. 3 Nr. 2 Buchstabe a und b sowie § 16 Abs. 2 Satz 1 erfüllt sind,

2.
bei einer Röntgeneinrichtung nach Absatz 1 Nr. 1 ein Abdruck des Zulassungsscheins,

3.
Nachweise nach § 3 Abs. 2 Nr. 2 bis 4,

4.

bei einer Röntgeneinrichtung zur Anwendung von Röntgenstrahlung am Menschen die Nachweise der in § 3 Abs. 3 Nr. 1 und 2 Buchstabe c oder d genannten Voraussetzungen und

5.

bei einer Röntgeneinrichtung zur Anwendung am Tier in der Tierheilkunde der Nachweis der in § 3 Abs. 5 genannten Voraussetzungen.

§ 3 Abs. 6 gilt entsprechend. Verweigert der Sachverständige die Erteilung der Bescheinigung nach Satz 1 Nr. 1, entscheidet auf Antrag die zuständige Behörde.

(3) Einer Genehmigung nach § 3 Abs. 1 bedarf auch nicht, wer ein Basis-, Hoch- oder Vollschutzgerät oder eine Schulröntgeneinrichtung betreibt, wenn er die Inbetriebnahme der zuständigen Behörde spätestens zwei Wochen vorher anzeigt und der Anzeige einen Abdruck des Zulassungsscheins beifügt. Im Falle der Anzeige des Betriebes eines Basis- oder Hochschutzgerätes oder einer Schulröntgeneinrichtung sind darüber hinaus Nachweise nach § 3 Abs. 2 Nr. 2 bis 4 beizufügen. Röntgeneinrichtungen, die nicht als Schulröntgeneinrichtungen bauartzugelassen sind, dürfen im Zusammenhang mit dem Unterricht in allgemein bildenden Schulen nicht betrieben werden.

(4) Von dem Erfordernis einer Genehmigung nach § 3 Abs. 1 ist nicht befreit, wer eine Röntgeneinrichtung

1.

in der technischen Radiographie zur Grobstrukturanalyse in der Werkstoffprüfung, ausgenommen Basis-, Hoch- und Vollschutzgeräte sowie Schulröntgeneinrichtungen,

2.

zur Behandlung von Menschen,

3.

zur Teleradiologie,

4.

außerhalb eines Röntgenraumes, außer in den Fällen des § 20 Absatz 2 und 3 Nummer 1, 2 und 4, oder

5.

zur Untersuchung im Rahmen freiwilliger Röntgenreihenuntersuchungen nach § 25 Absatz 1 Satz 2

betreibt.

(5) Bei einer wesentlichen Änderung des Betriebes einer nach Absatz 1 oder Absatz 3 angezeigten Röntgeneinrichtung sind die Absätze 1 bis 4 entsprechend anzuwenden. Satz 1 gilt entsprechend für die wesentliche Änderung des Betriebes einer Röntgeneinrichtung, die auf Grund einer

Anzeige nach § 4 Absatz 1 dieser Verordnung in der vor dem 1. Juli 2002 geltenden Fassung betrieben wird.

(6) Die zuständige Behörde kann den nach Absatz 1 oder 5 angezeigten Betrieb einer Röntgeneinrichtung binnen zwei Wochen nach Eingang der Anzeige untersagen, wenn eine Genehmigung nach § 3 Abs. 2, auch in Verbindung mit Abs. 3 oder 5, nicht erteilt werden könnte; danach kann der Betrieb nur noch untersagt werden, wenn eine erteilte Genehmigung zurückgenommen oder widerrufen werden könnte. Für den nach Absatz 3 Satz 1 angezeigten Betrieb eines Hochschutzgerätes oder einer Schulröntgeneinrichtung gilt Satz 1 entsprechend. Die Behörde kann den nach Absatz 3 Satz 1 angezeigten Betrieb eines Vollschutzgerätes untersagen, wenn Tatsachen vorliegen, aus denen sich Bedenken gegen die Zuverlässigkeit des Strahlenschutzverantwortlichen ergeben.

(7) § 3 Abs. 8 gilt entsprechend.

-

§ 4a Sachverständige

(1) Die zuständige Behörde bestimmt Sachverständige für die technische Prüfung von Röntgeneinrichtungen nach § 4 Abs. 2 Satz 1 Nr. 1 einschließlich der Erteilung der Bescheinigung und für die Prüfung von Röntgeneinrichtungen und Störstrahlern nach § 18 Abs. 1 Satz 1 Nr. 5. Sie kann Anforderungen an einen Sachverständigen nach Satz 1 hinsichtlich seiner Ausbildung, Berufserfahrung, Eignung, Einweisung in die Sachverständigentätigkeit, seines Umfangs an Prüftätigkeit und seiner sonstigen Voraussetzungen und Pflichten, insbesondere seiner messtechnischen Ausstattung, sowie seiner Zuverlässigkeit und Unparteilichkeit festlegen. Als Sachverständiger darf nur bestimmt werden, wer unabhängig ist von Personen, die an der Herstellung, am Vertrieb oder an der Instandhaltung von Röntgeneinrichtungen oder Störstrahlern beteiligt sind.

(2) Für Sachverständige nach Absatz 1 gelten § 15 Abs. 1 Nr. 1 und 2, § 18 Abs. 1 Satz 1 Nr. 4, §§ 21, 31 bis 31c, 35 Abs. 1 und 4 bis 11 sowie §§ 35a bis 43 entsprechend.

-

§ 5 Betrieb von Störstrahlern

(1) Wer einen Störstrahler betreibt oder dessen Betrieb wesentlich verändert, bedarf der Genehmigung. § 3 Abs. 2, 7 Nr. 1 bis 3 und Abs. 8 ist entsprechend anzuwenden.

19

(2) Einer Genehmigung nach Absatz 1 bedarf nicht, wer einen Störstrahler betreibt, bei dem die Spannung zur Beschleunigung der Elektronen 30 Kilovolt nicht überschreitet, wenn

1.
   die Ortsdosisleistung bei normalen Betriebsbedingungen im Abstand von 0,1 Metern von der berührbaren Oberfläche 1 Mikrosievert durch Stunde nicht überschreitet und
2.
   auf dem Störstrahler ausreichend darauf hingewiesen ist, dass
   a)
      Röntgenstrahlung erzeugt wird und
   b)
      die Spannung zur Beschleunigung der Elektronen den vom Hersteller oder Einführer bezeichneten Höchstwert nicht überschreiten darf.

(3) Einer Genehmigung nach Absatz 1 bedarf auch nicht, wer einen Störstrahler betreibt, bei dem die Spannung zur Beschleunigung der Elektronen 30 Kilovolt überschreitet, wenn der Störstrahler bauartzugelassen ist.

(4) Einer Genehmigung nach Absatz 1 bedarf auch nicht, wer eine Kathodenstrahlröhre für die Darstellung von Bildern betreibt, bei der die Spannung zur Beschleunigung von Elektronen 40 Kilovolt nicht überschreitet, wenn die Ortsdosisleistung bei normalen Betriebsbedingungen im Abstand von 0,1 Metern von der berührbaren Oberfläche 1 Mikrosievert durch Stunde nicht überschreitet.

(5) Der Hersteller oder Einführer darf einen Störstrahler einem anderen zum genehmigungsfreien Betrieb nur überlassen, wenn er den in den Absätzen 2 bis 4 genannten Voraussetzungen entsprechend beschaffen ist. Einen genehmigungsbedürftigen Störstrahler darf der Hersteller oder Einführer einem anderen nur überlassen, wenn er einen deutlich sichtbaren Hinweis auf die Genehmigungsbedürftigkeit enthält.

(6) Auf einen Störstrahler, der als Bildverstärker im Zusammenhang mit einer genehmigungs- oder anzeigebedürftigen Röntgeneinrichtung betrieben wird, sind die Absätze 1 bis 5 nicht anzuwenden.

(7) Die zuständige Behörde kann anordnen, dass der Hersteller oder Einführer die für den Strahlenschutz wesentlichen Merkmale eines Störstrahlers, dessen Betrieb nicht der Genehmigung nach Absatz 1 bedarf und der nicht bauartzugelassen ist, prüfen lässt, bevor er den Störstrahler einem anderen überlässt.

<u>Unterabschnitt 2</u>

Sonstige Tätigkeiten im Zusammenhang mit Röntgeneinrichtungen und Störstrahlern

§ 6 Prüfung, Erprobung, Wartung, Instandsetzung und Beschäftigung

(1) Wer

1. geschäftsmäßig Röntgeneinrichtungen oder Störstrahler prüft, erprobt, wartet oder instand setzt,

2. Röntgeneinrichtungen oder Störstrahler im Zusammenhang mit der Herstellung prüft oder erprobt oder

3. im Zusammenhang mit dem Betrieb einer fremden Röntgeneinrichtung oder eines fremden Störstrahlers nach § 5 Abs. 1 unter seiner Aufsicht stehende Personen beschäftigt oder Aufgaben selbst wahrnimmt und dies bei diesen Personen oder bei sich selbst im Kalenderjahr zu einer effektiven Dosis von mehr als 1 Millisievert führen kann,

hat dies der zuständigen Behörde unverzüglich vor Beginn der Tätigkeit schriftlich anzuzeigen. Satz 1 gilt nicht für Sachverständige nach § 4a und für denjenigen, der geschäftsmäßig Störstrahler nach § 5 Abs. 4, ausgenommen Projektionseinrichtungen, prüft, erprobt, wartet oder instand setzt. Satz 1 gilt ebenfalls nicht für denjenigen, der, ohne Röntgenstrahlung einzuschalten, Tätigkeiten nach den Nummern 1 und 2 an Anwendungsgeräten, Zusatzgeräten und Zubehör, der erforderlichen Software sowie an Vorrichtungen zur medizinischen Befundung durchführt, die keine Strahlenschutzmaßnahmen erfordern. Die Anforderungen der Medizinprodukte-Betreiberverordnung bleiben unberührt.
(2) Einer Anzeige nach Absatz 1 Satz 1 Nr. 1 oder 2 sind Nachweise entsprechend § 3 Abs. 2 Nr. 3 bis 5 beizufügen. Für eine Tätigkeit nach Absatz 1 Satz 1 Nr. 1 oder 2 gelten die §§ 13 bis 15 Abs. 1 Nr. 1 und 2, § 18 Abs. 1 Satz 1 Nr. 1 und 4 und Satz 2, §§ 18a, 19, 21, 22 Abs. 1 Nr. 1 Buchstabe a, c und d, Abs. 1 Nr. 2 Buchstabe a und c und Abs. 1 Satz 2 und 3, §§ 30 bis 35 Abs. 1 und 4 bis 11 sowie §§ 35a bis 43 entsprechend. Der nach Absatz 1 Satz 1 Nummer 1 oder Nummer 2 Verpflichtete hat dafür zu sorgen, dass die in Satz 2 genannten Schutzvorschriften und die von der zuständigen Behörde erlassenen Anordnungen eingehalten werden. Das Gleiche gilt für den Strahlenschutzbeauftragten, soweit ihm diese Aufgaben und Pflichten nach § 13 Absatz 2 Satz 2 übertragen worden sind.

21

(3) Einer Anzeige nach Absatz 1 Satz 1 Nr. 3 sind Nachweise entsprechend § 3 Abs. 2 Nr. 3 und 4 beizufügen. Bei einer Beschäftigung nach Absatz 1 Satz 1 Nr. 3 ist den Anordnungen des Strahlenschutzverantwortlichen der Röntgeneinrichtung oder des Störstrahlers und den Anordnungen des für diesen Betrieb zuständigen Strahlenschutzbeauftragten, die diese in Erfüllung ihrer Pflichten nach § 15 treffen, Folge zu leisten. Der zur Anzeige Verpflichtete nach Absatz 1 Satz 1 Nr. 3 hat dafür zu sorgen, dass die unter seiner Aufsicht beschäftigten Personen die Anordnungen des Strahlenschutzverantwortlichen der fremden Röntgeneinrichtung oder des fremden Störstrahlers und den Anordnungen des für diesen Betrieb zuständigen Strahlenschutzbeauftragten befolgen. Die §§ 13 bis 15 Abs. 1 Nr. 1 und 2, § 18 Abs. 1 Satz 1 Nr. 4, §§ 18a, 21, 31 bis 31c, 33 Abs. 2 Nr. 1 und Abs. 3, § 35 Abs. 1 und 4 bis 11, §§ 35a bis 41 und 43 gelten entsprechend. Der nach Absatz 1 Satz 1 Nummer 3 Verpflichtete hat dafür zu sorgen, dass die in Satz 4 genannten Schutzvorschriften und die von der zuständigen Behörde erlassenen Anordnungen befolgt werden. Das Gleiche gilt für den Strahlenschutzbeauftragten, soweit ihm diese Aufgaben und Pflichten nach § 13 Absatz 2 Satz 2 übertragen worden sind.

-

§ 7 Untersagung

(1) Die zuständige Behörde kann Tätigkeiten nach § 6 Abs. 1 Satz 1 Nr. 1 oder 2 untersagen, wenn

1.

Tatsachen vorliegen, aus denen sich Bedenken gegen die Zuverlässigkeit des Anzeigepflichtigen oder einer Person, die diese Tätigkeit leitet oder beaufsichtigt, ergeben,

2.

eine Voraussetzung nach § 6 Abs. 2 Satz 1 nicht nachgewiesen wird oder später wegfällt oder

3.

Tatsachen vorliegen, aus denen sich Bedenken ergeben, dass das für die sichere Ausführung der Tätigkeit notwendige Personal nicht vorhanden ist.

(2) Die zuständige Behörde kann Tätigkeiten nach § 6 Abs. 1 Satz 1 Nr. 3 untersagen, wenn eine Voraussetzung nach § 6 Abs. 3 Satz 1 nicht nachgewiesen wird oder später wegfällt. Absatz 1 Nr. 1 gilt entsprechend.

Unterabschnitt 3
Bauartzulassung

§ 8 Verfahren der Bauartzulassung

(1) Die Bauart von Röntgenstrahlern, Schulröntgeneinrichtungen, Basisschutzgeräten, Hochschutzgeräten, Vollschutzgeräten und Störstrahlern (bauartzugelassene Vorrichtungen) kann auf Antrag des Herstellers oder Einführers zugelassen werden, wenn die Voraussetzungen nach Anlage 1 oder 2 erfüllt sind. Dem Zulassungsantrag sind alle zur Prüfung erforderlichen Unterlagen beizufügen. Satz 1 gilt nicht für Vorrichtungen, die Medizinprodukte oder Zubehör im Sinne des Medizinproduktegesetzes sind.

(2) Die Zulassungsbehörde hat vor ihrer Entscheidung auf Kosten des Antragstellers eine Bauartprüfung durch die Physikalisch-Technische Bundesanstalt zu veranlassen. Der Antragsteller hat der Physikalisch-Technischen Bundesanstalt auf Verlangen die zur Prüfung erforderlichen Baumuster zu überlassen.

(3) Die Bauartzulassung ist zu versagen, wenn

1.

die Vorrichtung nicht den in Anlage 1 oder 2 genannten Voraussetzungen entspricht,

2.

Tatsachen vorliegen, aus denen sich Bedenken gegen

a)

die Zuverlässigkeit des Herstellers, Einführers oder des für die Leitung der Herstellung Verantwortlichen oder

b)

die erforderliche technische Erfahrung des für die Herstellung Verantwortlichen ergeben,

3.

überwiegende öffentliche Interessen der Zulassung entgegenstehen oder

4.

§ 2a Abs. 3 der Bauartzulassung entgegensteht.

(4) Die Bauartzulassung ist auf höchstens zehn Jahre zu befristen. Die Frist kann auf Antrag verlängert werden.

(5) Eine bauartzugelassene Vorrichtung, die vor Ablauf der Zulassungsfrist in den Verkehr gebracht worden ist, darf nach Maßgabe der §§ 4 und 5 weiter betrieben werden, es sei denn, die Zulassungsbehörde hat nach § 11 bekannt gemacht, dass ein ausreichender Schutz vor Strahlenschäden nicht

23

gewährleistet ist und diese Vorrichtung nicht weiter betrieben werden darf.

(6) Für die Erteilung der Bauartzulassung ist das Bundesamt für Strahlenschutz zuständig.

-

§ 9 Pflichten des Inhabers einer Bauartzulassung

Der Zulassungsinhaber hat

1.

vor einer Abgabe der gefertigten bauartzugelassenen Vorrichtung eine Qualitätskontrolle durchzuführen, um sicherzustellen, dass die gefertigte bauartzugelassene Vorrichtung den für den Strahlenschutz wesentlichen Merkmalen der Bauartzulassung entspricht,

2.

die Qualitätskontrolle durch einen von der Zulassungsbehörde zu bestimmenden Sachverständigen überwachen zu lassen,

3.

vor einer Abgabe der gefertigten bauartzugelassenen Vorrichtungen das Bauartzeichen und weitere von der Zulassungsbehörde zu bestimmende Angaben anzubringen,

4.

dem Erwerber einer bauartzugelassenen Vorrichtung mit dieser einen Abdruck des Zulassungsscheins auszuhändigen, auf dem das Ergebnis und das Datum der Qualitätskontrolle nach Nummer 1 bestätigt ist, und

5.

dem Erwerber einer bauartzugelassenen Vorrichtung mit dieser eine Betriebsanleitung in deutscher Sprache auszuhändigen, in der auf die dem Strahlenschutz dienenden Maßnahmen hingewiesen ist.

Die Zulassungsbehörde kann auf Antrag des Zulassungsinhabers Ausnahmen von Satz 1 zulassen, wenn ein ausreichender Schutz vor Strahlenschäden gewährleistet ist.

-

§ 10 Zulassungsschein

Wird die Bauart nach § 8 Abs. 1 zugelassen, so hat die Zulassungsbehörde einen Zulassungsschein zu erteilen. In diesen sind aufzunehmen

1.

die für den Strahlenschutz wesentlichen Merkmale der Vorrichtung,

2.

24

3. der zugelassene Gebrauch der Vorrichtung,

4. bei Basis-, Hoch- und Vollschutzgeräten, Schulröntgeneinrichtungen und Störstrahlern die Bezeichnung der dem Strahlenschutz dienenden Ausrüstungen,

5. inhaltliche Beschränkungen, Auflagen und Befristungen,

6. das Bauartzeichen und die Angaben, mit denen die Vorrichtung zu versehen ist, und

ein Hinweis auf die Pflichten des Inhabers einer bauartzugelassenen Vorrichtung nach § 12.

-

§ 11 Bekanntmachung im Bundesanzeiger

Der wesentliche Inhalt der Bauartzulassung und ihrer Änderungen, ihre Rücknahme, ihr Widerruf, die Verlängerung der Zulassungsfrist und die Erklärung, dass eine bauartzugelassene Vorrichtung nicht weiter betrieben werden darf, sind durch die Zulassungsbehörde im Bundesanzeiger bekannt zu machen.

-

§ 12 Pflichten des Inhabers einer bauartzugelassenen Vorrichtung

(1) Der Inhaber einer bauartzugelassenen Vorrichtung hat einen Abdruck des Zulassungsscheins nach § 10 bei der Vorrichtung bereitzuhalten. Im Falle der Weitergabe der bauartzugelassenen Vorrichtung gilt § 9 Satz 1 Nr. 4 und 5 entsprechend.

(2) An der bauartzugelassenen Vorrichtung dürfen keine Änderungen vorgenommen werden, die für den Strahlenschutz wesentliche Merkmale betreffen.

(3) Wer eine bauartzugelassene Vorrichtung betreibt, hat den Betrieb unverzüglich einzustellen, wenn

1. die Rücknahme, der Widerruf einer Bauartzulassung oder die Erklärung, dass eine bauartzugelassene Vorrichtung nicht weiter betrieben werden darf, bekannt gemacht wurde oder

2. die bauartzugelassene Vorrichtung nicht mehr den im

Zulassungsschein bezeichneten Merkmalen entspricht.

Unterabschnitt 1
Allgemeine Vorschriften

–

§ 13 Strahlenschutzverantwortliche und Strahlenschutzbeauftragte

(1) Strahlenschutzverantwortlicher ist, wer einer Genehmigung nach § 3 oder § 5 bedarf oder wer eine Anzeige nach § 4 zu erstatten hat. Handelt es sich bei dem Strahlenschutzverantwortlichen um eine juristische Person oder um eine rechtsfähige Personengesellschaft, werden die Aufgaben des Strahlenschutzverantwortlichen von der durch Gesetz, Satzung oder Vertrag zur Vertretung berechtigten Person wahrgenommen. Besteht das vertretungsberechtigte Organ aus mehreren Mitgliedern oder sind bei nicht rechtsfähigen Personenvereinigungen mehrere vertretungsberechtigte Personen vorhanden, so ist der zuständigen Behörde mitzuteilen, welche dieser Personen die Aufgaben des Strahlenschutzverantwortlichen wahrnimmt. Die Gesamtverantwortung aller Organmitglieder oder Mitglieder der Personenvereinigung bleibt hiervon unberührt.

(2) Soweit dies für den sicheren Betrieb notwendig ist, hat der Strahlenschutzverantwortliche für die Leitung oder Beaufsichtigung dieses Betriebes die erforderliche Anzahl von Strahlenschutzbeauftragten schriftlich zu bestellen. Bei der Bestellung eines Strahlenschutzbeauftragten sind dessen Aufgaben, innerbetrieblicher Entscheidungsbereich und die zur Wahrnehmung seiner Aufgaben erforderlichen Befugnisse schriftlich festzulegen. Der Strahlenschutzverantwortliche bleibt auch dann für die Einhaltung der Schutzvorschriften verantwortlich, wenn er Strahlenschutzbeauftragte bestellt hat.

(3) Es dürfen nur Personen zu Strahlenschutzbeauftragten bestellt werden, bei denen keine Tatsachen vorliegen, aus denen sich Bedenken gegen ihre Zuverlässigkeit ergeben, und die die erforderliche Fachkunde im Strahlenschutz besitzen.

(4) Es ist dafür zu sorgen, dass Schüler und Auszubildende beim Betrieb einer Schulröntgeneinrichtung oder eines Störstrahlers nach § 5 Abs. 1 nur in Anwesenheit und unter der Aufsicht des zuständigen Strahlenschutzbeauftragten mitwirken.

(5) Die Bestellung des Strahlenschutzbeauftragten mit Angabe der Aufgaben

und Befugnisse, ihrer Änderungen sowie das Ausscheiden des Strahlenschutzbeauftragten aus seiner Funktion sind der zuständigen Behörde unverzüglich schriftlich mitzuteilen. Der Mitteilung der Bestellung ist die Bescheinigung über die erforderliche Fachkunde im Strahlenschutz nach § 18a Abs. 1 beizufügen. Dem Strahlenschutzbeauftragten und dem Betriebsrat oder dem Personalrat ist eine Abschrift der Mitteilung zu übermitteln.

-

§ 14 Stellung des Strahlenschutzverantwortlichen und des Strahlenschutzbeauftragten

(1) Dem Strahlenschutzbeauftragten obliegen die ihm durch diese Verordnung auferlegten Pflichten nur im Rahmen seiner Befugnisse. Ergibt sich, dass der Strahlenschutzbeauftragte infolge unzureichender Befugnisse, unzureichender Fachkunde oder fehlender Zuverlässigkeit oder aus anderen Gründen seine Pflichten nur unzureichend erfüllen kann, kann die zuständige Behörde gegenüber dem Strahlenschutzverantwortlichen die Feststellung treffen, dass diese Person nicht als Strahlenschutzbeauftragter im Sinne dieser Verordnung anzusehen ist.

(2) Der Strahlenschutzbeauftragte hat dem Strahlenschutzverantwortlichen unverzüglich alle Mängel mitzuteilen, die den Strahlenschutz beeinträchtigen. Kann sich der Strahlenschutzbeauftragte über eine von ihm vorgeschlagene Maßnahme zur Behebung von aufgetretenen Mängeln mit dem Strahlenschutzverantwortlichen nicht einigen, so hat dieser dem Strahlenschutzbeauftragten die Ablehnung des Vorschlages schriftlich mitzuteilen und zu begründen und dem Betriebsrat oder dem Personalrat und der zuständigen Behörde je eine Abschrift zu übersenden.

(3) Der Strahlenschutzverantwortliche hat den Strahlenschutzbeauftragten über alle Verwaltungsakte und Maßnahmen, die Aufgaben oder Befugnisse des Strahlenschutzbeauftragten betreffen, unverzüglich zu unterrichten.

(4) Der Strahlenschutzverantwortliche und der Strahlenschutzbeauftragte haben bei der Wahrnehmung ihrer Aufgaben mit dem Betriebsrat oder dem Personalrat, den Fachkräften für Arbeitssicherheit und dem Arzt nach § 41 Abs. 1 Satz 1 zusammenzuarbeiten und sie über wichtige Angelegenheiten des Strahlenschutzes zu unterrichten. Der Strahlenschutzbeauftragte hat den Betriebsrat oder Personalrat auf dessen Verlangen in Angelegenheiten des Strahlenschutzes zu beraten.

(5) Der Strahlenschutzbeauftragte darf bei Erfüllung seiner Pflichten nicht behindert und wegen deren Erfüllung nicht benachteiligt werden.

-

§ 15 Pflichten des Strahlenschutzverantwortlichen und des Strahlenschutzbeauftragten

(1) Der Strahlenschutzverantwortliche hat unter Beachtung des Standes der Technik zum Schutz des Menschen und der Umwelt vor den schädlichen Wirkungen von Röntgenstrahlung durch geeignete Schutzmaßnahmen, insbesondere durch Bereitstellung geeigneter Räume, Schutzvorrichtungen, Geräte und Schutzausrüstungen für Personen, durch geeignete Regelung des Betriebsablaufs und durch Bereitstellung ausreichenden und geeigneten Personals, erforderlichenfalls durch Außerbetriebsetzung, dafür zu sorgen, dass

1.
   jede unnötige Strahlenexposition von Menschen vermieden wird,

2.
   jede Strahlenexposition von Menschen unter Berücksichtigung aller Umstände des Einzelfalles auch unterhalb der in § 31a Abs. 1 bis 4 Satz 1 und 2, § 31b Satz 1, § 31c Satz 1 und § 32 festgesetzten Grenzwerte so gering wie möglich gehalten wird,

3.
   die Vorschriften des § 3 Abs. 8, § 13 Abs. 2 Satz 2 und Abs. 3 bis 5, § 15a Satz 1, § 16 Abs. 4 Satz 1, § 17 Abs. 3 Satz 1, § 17a Abs. 4 Satz 1 und § 18 Abs. 1 Satz 3 und Abs. 4 eingehalten werden und

4.
   die Vorschriften des § 16 Abs. 1 Satz 2, Abs. 2 Satz 1 bis 3 und 5, Abs. 3 Satz 1 bis 5 und Abs. 4 Satz 2 und 3, § 17 Abs. 1 Satz 1 bis 3 und 5, Abs. 2 Satz 1 bis 3, Abs. 3 Satz 2 und 3, § 17a Abs. 4 Satz 2 und 3, § 18 Abs. 1 Satz 1, 2 und 4, Abs. 2 und 3 Satz 1, § 19 Abs. 1 Satz 1, Abs. 2, 3 und 6 Satz 1, § 20 Abs. 1, 2 und 5, § 21 Abs. 1 und 2 Satz 1, § 22 Abs. 1 Satz 1 und Abs. 2, § 23 Abs. 1 Satz 1, 4 und 5, Abs. 2 und 3, §§ 24, 25 Absatz 1 Satz 1 und 3, Absatz 1a bis 3 und 5, §§ 26, 27 Abs. 1 Satz 1, Abs. 2 und 3, § 28 Absatz 1 bis 3 Satz 3, Abs. 4 bis 6 und 8, § 28c Abs. 1 Satz 2 und Abs. 2 bis 5, § 28d Abs. 1, 2 Satz 1, Abs. 3 und 4, §§ 28e, 29 Absatz 1 Satz 1, 2 und 4, §§ 30, 31a Abs. 1 Satz 1, Abs. 2, 3 Satz 1 und 2, Abs. 4 Satz 1 und 2 und Abs. 5, § 31b Satz 1, § 31c Satz 1, §§ 32, 34 Absatz 1 Satz 1 und Absatz 2 bis 4, § 35 Absatz 1 Satz 1, Absatz 2 Satz 1 und 2, Absatz 3 und 4 Satz 1, 3 und 5, Absatz 5, 6 und 7 Satz 1, Absatz 9, 11 und 12, § 36 Absatz 1 Satz 1 bis 3 und Absatz 2 bis 4, § 37 Absatz 1, 2 und 5a, § 40 Absatz 1 und § 42 eingehalten werden.

(2) Der Strahlenschutzbeauftragte hat dafür zu sorgen, dass

1.

2.   die in Absatz 1 Nr. 4 genannten Vorschriften und

die Bestimmungen des Bescheides über die Genehmigung oder Bauartzulassung und die von der zuständigen Behörde erlassenen Anordnungen und Auflagen, deren Durchführung und Erfüllung ihm nach § 13 Abs. 2 übertragen worden ist,

eingehalten werden. Soweit ihm Aufgaben übertragen worden sind, hat der Strahlenschutzbeauftragte die Strahlenschutzgrundsätze des Absatzes 1 Nr. 1 und 2 zu beachten.

-

§ 15a Strahlenschutzanweisung

Die zuständige Behörde kann den Strahlenschutzverantwortlichen verpflichten, eine Strahlenschutzanweisung zu erlassen, in der die in dem Betrieb zu beachtenden Strahlenschutzmaßnahmen aufzuführen sind. Zu diesen Maßnahmen gehören in der Regel

1.

das Aufstellen eines Planes für die Organisation des Strahlenschutzes, erforderlichenfalls mit der Bestimmung, dass ein oder mehrere Strahlenschutzbeauftragte bei der genehmigten Tätigkeit ständig anwesend oder sofort erreichbar sein müssen,

2.

die Regelung des für den Strahlenschutz wesentlichen Betriebsablaufs,

3.

die für die Ermittlung der Körperdosis vorgesehenen Messungen und Maßnahmen entsprechend den Expositionsbedingungen,

4.

die Führung eines Betriebsbuches, in das die für den Strahlenschutz wesentlichen Betriebsvorgänge einzutragen sind,

5.

die regelmäßige Funktionsprüfung und Wartung von Röntgeneinrichtungen oder Störstrahlern einschließlich der Ausrüstungen und Vorrichtungen, die für den Strahlenschutz wesentlich sind, sowie die Führung von Aufzeichnungen über die Funktionsprüfungen und über die Wartungen und

6.

die Regelung des Schutzes gegen Störmaßnahmen oder sonstige Einwirkungen Dritter oder gegen das unerlaubte Inbetriebsetzen einer Röntgeneinrichtung oder eines Störstrahlers.

Die Strahlenschutzanweisung kann Bestandteil sonstiger erforderlicher

Betriebsanweisungen nach immissionsschutz- oder arbeitsschutzrechtlichen Vorschriften sein.

–

§ 16 Qualitätssicherung bei Röntgeneinrichtungen zur Untersuchung von Menschen

(1) Als eine Grundlage für die Qualitätssicherung bei der Durchführung von Röntgenuntersuchungen in der Heilkunde oder Zahnheilkunde erstellt und veröffentlicht das Bundesamt für Strahlenschutz diagnostische Referenzwerte. Die veröffentlichten diagnostischen Referenzwerte sind bei der Untersuchung von Menschen zu Grunde zu legen. Die den Prüfungen der ärztlichen Stelle nach § 17a Absatz 1 zugrunde liegenden Daten zur Strahlenexposition können als Grundlage für die Erstellung der diagnostischen Referenzwerte dienen.

(2) Es ist dafür zu sorgen, dass bei Röntgeneinrichtungen zur Untersuchung von Menschen vor der Inbetriebnahme eine Abnahmeprüfung durch den Hersteller oder Lieferanten durchgeführt wird, durch die festgestellt wird, dass die erforderliche Bildqualität mit möglichst geringer Strahlenexposition erreicht wird. Nach jeder Änderung der Einrichtung oder ihres Betriebes, welche die Bildqualität oder die Höhe der Strahlenexposition beeinflussen kann, ist dafür zu sorgen, dass eine Abnahmeprüfung durch den Hersteller oder Lieferanten durchgeführt wird, die sich auf die Änderung und deren Auswirkungen beschränkt. Sofern die Prüfung nach Satz 2 durch den Hersteller oder Lieferanten nicht mehr möglich ist, ist dafür zu sorgen, dass sie durch ein Unternehmen nach § 6 Abs. 1 Nr. 1 durchgeführt wird. Bei der Abnahmeprüfung sind ferner die Bezugswerte für die Konstanzprüfung nach Absatz 3 mit denselben Prüfmitteln zu bestimmen, die bei der Konstanzprüfung verwendet werden. Das Ergebnis der Abnahmeprüfung ist unverzüglich aufzuzeichnen; zu den Aufzeichnungen gehören auch die Röntgenaufnahmen der Prüfkörper. Die Abnahmeprüfung ersetzt nicht eine Genehmigung nach § 3 Abs. 1 oder eine Anzeige nach § 4 Abs. 1 oder 5.

(3) In regelmäßigen Zeitabständen, mindestens jedoch monatlich, ist eine Konstanzprüfung durchzuführen, durch die ohne mechanische oder elektrische Eingriffe festzustellen ist, ob die Bildqualität und die Höhe der Strahlenexposition den Angaben in der letzten Aufzeichnung nach Absatz 2 Satz 5 noch entsprechen. Bei einer Röntgeneinrichtung nach § 3 Abs. 4 ist zusätzlich regelmäßig, mindestens jedoch jährlich, der Übertragungsweg auf Stabilität sowie auf Konstanz der Qualität und der Übertragungsgeschwindigkeit der übermittelten Daten und Bilder zu prüfen. Bei der Filmverarbeitung in der Heilkunde ist die Konstanzprüfung

30

arbeitstäglich und in der Zahnheilkunde mindestens arbeitswöchentlich durchzuführen. Das Ergebnis der Konstanzprüfungen ist unverzüglich aufzuzeichnen; zu den Aufzeichnungen gehören auch die Aufnahmen der Prüfkörper und die Prüffilme. Ist die erforderliche Bildqualität nicht mehr gegeben oder nur mit einer höheren Strahlenexposition des Patienten zu erreichen, ist unverzüglich die Ursache zu ermitteln und zu beseitigen. Die zuständige Behörde kann Abweichungen von den Fristen nach den Sätzen 1 bis 3 festlegen.

(4) Die Aufzeichnungen nach Absatz 2 Satz 5 sind für die Dauer des Betriebes, mindestens jedoch bis zwei Jahre nach dem Abschluss der nächsten vollständigen Abnahmeprüfung aufzubewahren. Die Aufzeichnungen nach Absatz 3 Satz 4 sind nach Abschluss der Aufzeichnung zwei Jahre lang aufzubewahren. Die Aufzeichnungen nach den Sätzen 1 und 2 sind den zuständigen Stellen auf Verlangen vorzulegen. Die zuständige Behörde kann Abweichungen von den Fristen nach Satz 1 oder 2 festlegen.

-

§ 17 Qualitätssicherung bei Röntgeneinrichtungen zur Behandlung von Menschen

(1) Es ist dafür zu sorgen, dass bei Röntgeneinrichtungen zur Behandlung von Menschen vor der Inbetriebnahme eine Abnahmeprüfung durch den Hersteller oder Lieferanten durchgeführt wird, durch die festgestellt wird, dass die Dosisleistung im Nutzstrahlenbündel des Strahlers und die Röntgenröhrenspannung den Qualitätsmerkmalen des Herstellers entspricht. Nach jeder Änderung der Einrichtung oder ihres Betriebes, welche die Dosisleistung im Nutzstrahlenbündel des Strahlers beeinflussen kann, ist dafür zu sorgen, dass eine Abnahmeprüfung durch den Hersteller oder Lieferanten durchgeführt wird, welche sich auf die Änderung und deren Auswirkung beschränkt. Sofern die Prüfung nach Satz 2 durch den Hersteller oder Lieferanten nicht mehr möglich ist, ist dafür zu sorgen, dass sie durch ein Unternehmen nach § 6 Abs. 1 Nr. 1 durchgeführt wird. Bei der Abnahmeprüfung sind ferner die Bezugswerte für die Konstanzprüfung nach Absatz 2 zu bestimmen. Das Ergebnis der Abnahmeprüfung ist unverzüglich aufzuzeichnen. Die Abnahmeprüfung ersetzt nicht eine Genehmigung nach § 3 Abs. 1.

(2) In regelmäßigen Zeitabständen, mindestens jedoch halbjährlich, ist eine Konstanzprüfung durchzuführen, durch die ohne mechanische oder elektrische Eingriffe festzustellen ist, ob die Dosisleistung im Nutzstrahlenbündel den Angaben der letzten Aufzeichnungen nach Absatz 1

Satz 5 noch entspricht. Das Ergebnis der Konstanzprüfung ist unverzüglich aufzuzeichnen. Bei einer wesentlichen Abweichung der Dosisleistung ist unverzüglich die Ursache zu ermitteln und zu beseitigen. Die zuständige Behörde kann Abweichungen von der Frist nach Satz 1 festlegen.

(3) Die Aufzeichnungen nach Absatz 1 Satz 5 sind für die Dauer des Betriebes, mindestens jedoch bis zwei Jahre nach Abschluss der nächsten vollständigen Abnahmeprüfung aufzubewahren. Die Aufzeichnungen nach Absatz 2 Satz 2 sind nach Abschluss der Aufzeichnung zwei Jahre lang aufzubewahren. Die Aufzeichnungen nach den Sätzen 1 und 2 sind den zuständigen Stellen auf Verlangen vorzulegen. Die zuständige Behörde kann Abweichungen von den Fristen nach Satz 1 oder 2 festlegen.

-

§ 17a Qualitätssicherung durch ärztliche und zahnärztliche Stellen

(1) Zur Qualitätssicherung der Anwendung von Röntgenstrahlung am Menschen bestimmt die zuständige Behörde ärztliche und zahnärztliche Stellen. Die zuständige Behörde legt fest, in welcher Weise die ärztlichen und zahnärztlichen Stellen die Prüfungen durchführen, mit denen sichergestellt wird, dass bei der Anwendung von Röntgenstrahlung am Menschen die Erfordernisse der medizinischen Wissenschaft beachtet werden und die angewendeten Verfahren und eingesetzten Röntgeneinrichtungen den nach dem Stand der Technik jeweils notwendigen Qualitätsstandards entsprechen, um dessen Strahlenexposition so gering wie möglich zu halten. Die ärztliche und zahnärztliche Stelle hat der zuständigen Behörde

1.

    die Ergebnisse der Prüfungen nach Satz 2,

2.

    die beständige, ungerechtfertigte Überschreitung der bei der Untersuchung zu Grunde zu legenden diagnostischen Referenzwerte nach § 16 Abs. 1 und

3.

    eine Nichtbeachtung der Optimierungsvorschläge nach Absatz 2 mitzuteilen. Die ärztliche und die zahnärztliche Stelle dürfen die Ergebnisse der Prüfungen nach Satz 2, ausgenommen die personenbezogenen Daten der untersuchten oder behandelten Personen, an die Stelle weitergeben, die für die Qualitätsprüfung nach dem Neunten Abschnitt des Vierten Kapitels des Fünften Buches Sozialgesetzbuch zuständig ist.

(2) Die ärztliche oder zahnärztliche Stelle hat im Rahmen ihrer Befugnisse nach Absatz 1 die Aufgabe, dem Strahlenschutzverantwortlichen

Maßnahmen zur Optimierung der medizinischen Strahlenanwendung vorzuschlagen, insbesondere zur Verbesserung der Bildqualität, zur Herabsetzung der Strahlenexposition oder zu sonstigen qualitätsverbessernden Maßnahmen, und nachzuprüfen, ob und wie weit die Vorschläge umgesetzt werden.

(3) Die ärztliche oder zahnärztliche Stelle unterliegt im Hinblick auf patientenbezogene Daten der ärztlichen Schweigepflicht.

(4) Der Betrieb einer Röntgeneinrichtung zur Anwendung von Röntgenstrahlung am Menschen ist bei einer von der zuständigen Behörde bestimmten ärztlichen oder zahnärztlichen Stelle unverzüglich anzumelden. Ein Abdruck der Anmeldung ist der zuständigen Behörde zu übersenden. Der ärztlichen oder zahnärztlichen Stelle sind die Unterlagen auf Verlangen vorzulegen, die diese zur Erfüllung ihrer Aufgaben nach den Absätzen 1 und 2 benötigt, insbesondere Röntgenbilder, Angaben zur Höhe der Strahlenexposition, zur Röntgeneinrichtung, zu den sonstigen verwendeten Geräten und Ausrüstungen und zur Anwendung des § 23. Der Strahlenschutzverantwortliche unterliegt den von der ärztlichen oder zahnärztlichen Stelle durchzuführenden Prüfungen.

(5) Andere Stellen dürfen der ärztlichen oder zahnärztlichen Stelle auf deren Ersuchen Informationen einschließlich personenbezogener Daten, die sie auf Grund eines Gesetzes zur Qualitätssicherung in der Heilkunde und Zahnheilkunde oder zum Schutz von Patienten erhoben haben, übermitteln, soweit dies zur Erfüllung der Aufgaben der ärztlichen oder zahnärztlichen Stelle nach dieser Verordnung erforderlich ist. Gesundheitsdaten von Patienten dürfen nur mit Einwilligung des Betroffenen übermittelt werden. Im Übrigen bleiben die Bestimmungen zum Schutz personenbezogener Daten unberührt.

-

§ 18 Sonstige Pflichten beim Betrieb einer Röntgeneinrichtung oder eines Störstrahlers nach § 5 Abs. 1

(1) Es ist dafür zu sorgen, dass

1.

die beim Betrieb einer Röntgeneinrichtung beschäftigten Personen anhand einer deutschsprachigen Gebrauchsanweisung durch eine entsprechend qualifizierte Person in die sachgerechte Handhabung eingewiesen werden und über die Einweisung unverzüglich Aufzeichnungen angefertigt werden,

2.

eine Ausfertigung des Genehmigungsbescheides oder, sofern eine

Bauartzulassung erteilt ist, ein Abdruck des Zulassungsscheins und der Betriebsanleitung nach § 9 Satz 1 Nr. 5 aufbewahrt wird,

3. die Gebrauchsanweisung nach Nummer 1 und die Bescheinigung nach § 4 Abs. 2 Nr. 1, der letzte Prüfbericht nach Nummer 5 und gegebenenfalls die Bescheinigungen über Sachverständigenprüfungen nach wesentlichen Änderungen des Betriebes der Röntgeneinrichtung bereitgehalten werden,

4. der Text dieser Verordnung zur Einsicht ständig verfügbar gehalten wird,

5. eine Röntgeneinrichtung in Zeitabständen von längstens fünf Jahren durch einen Sachverständigen nach § 4a nach dem Stand der Technik insbesondere auf sicherheitstechnische Funktion, Sicherheit und Strahlenschutz überprüft und eine Durchschrift des dabei anzufertigenden Prüfberichts den zuständigen Stellen unverzüglich übersandt wird und

6. bei einer Röntgeneinrichtung zur Anwendung von Röntgenstrahlung am Menschen ein aktuelles Bestandsverzeichnis geführt und der zuständigen Behörde auf Verlangen vorgelegt wird; das Bestandsverzeichnis nach § 8 der Verordnung über das Errichten, Betreiben und Anwenden von Medizinprodukten kann herangezogen werden.

Es ist dafür zu sorgen, dass die Einweisung nach Satz 1 Nr. 1 bei der ersten Inbetriebnahme durch eine entsprechend qualifizierte Person des Herstellers oder Lieferanten vorgenommen wird. Die Aufzeichnungen nach Satz 1 Nr. 1 sind für die Dauer des Betriebes aufzubewahren. Satz 1 Nr. 1 bis 4, Satz 2 und 3 gelten beim Betrieb eines Störstrahlers nach § 5 Abs. 1 entsprechend.

(2) Für jede Röntgeneinrichtung zur Anwendung von Röntgenstrahlung am Menschen sind schriftliche Arbeitsanweisungen für die an dieser Einrichtung häufig vorgenommenen Untersuchungen oder Behandlungen zu erstellen. Die Arbeitsanweisungen sind für die dort tätigen Personen zur jederzeitigen Einsicht bereitzuhalten und auf Anforderung den zuständigen Stellen zu übersenden.

(3) Bei Röntgeneinrichtungen nach § 3 Abs. 4 müssen an den jeweils anderen Einrichtungen zusätzlich Abdrucke oder Ablichtungen der Aufzeichnungen über die Abnahmeprüfungen nach § 16 Abs. 2, die Konstanzprüfungen nach § 16 Abs. 3 und die Sachverständigenprüfungen nach Absatz 1 Satz 1 Nr. 5 aller zum System gehörenden

Röntgeneinrichtungen zur Einsicht vorliegen. Die Pflicht nach Satz 1 kann auch durch das Bereithalten der Aufzeichnungen zur Einsicht in elektronischer Form erfüllt werden.

(4) Der Betrieb einer Röntgeneinrichtung, die Medizinprodukt oder Zubehör im Sinne des Medizinproduktegesetzes ist, ist unverzüglich einzustellen, wenn

1.

der begründete Verdacht besteht, dass die Einrichtung die Sicherheit und die Gesundheit der Patienten, der Anwender oder Dritter bei sachgemäßer Anwendung, Instandhaltung und ihrer Zweckbestimmung entsprechender Verwendung über ein nach den Erkenntnissen der medizinischen Wissenschaften vertretbares Maß hinausgehend gefährden oder

2.

die zuständige Behörde festgestellt hat, dass ein ausreichender Schutz vor Strahlenschäden nicht gewährleistet ist.

-

§ 18a Erforderliche Fachkunde und Kenntnisse im Strahlenschutz

(1) Die erforderliche Fachkunde im Strahlenschutz wird in der Regel durch eine für den jeweiligen Anwendungsbereich geeignete Ausbildung, praktische Erfahrung und die erfolgreiche Teilnahme an von der zuständigen Stelle anerkannten Kursen erworben. Die Ausbildung ist durch Zeugnisse, die praktische Erfahrung durch Nachweise und die erfolgreiche Kursteilnahme durch eine Bescheinigung zu belegen. Der Erwerb der Fachkunde im Strahlenschutz wird von der zuständigen Stelle geprüft und bescheinigt. Die Kursteilnahme darf nicht länger als fünf Jahre zurückliegen. Die erforderliche Fachkunde im Strahlenschutz wird mit Bestehen der Abschlussprüfung einer staatlichen oder staatlich anerkannten Berufsausbildung erworben, wenn die zuständige Behörde zuvor festgestellt hat, dass in dieser Ausbildung die für den jeweiligen Anwendungsbereich geeignete Ausbildung und praktische Erfahrung im Strahlenschutz sowie den nach Satz 1 in Verbindung mit Absatz 4 anerkannten Kursen entsprechendes theoretisches Wissen vermittelt wird. Für "Medizinisch-technische Radiologieassistentinnen" und "Medizinisch-technische Radiologieassistenten" gilt der Nachweis nach Satz 1 mit der Erlaubnis nach § 1 Nr. 2 des MTA-Gesetzes vom 2. August 1993 (BGBl. I S. 1402), das zuletzt durch Artikel 23 des Gesetzes vom 27. April 2002 (BGBl. I S. 1467) geändert worden ist, für die nach § 9 Abs. 1 Nr. 2 dieses Gesetzes vorbehaltenen Tätigkeiten als erbracht.

(2) Die Fachkunde im Strahlenschutz muss mindestens alle fünf Jahre durch eine erfolgreiche Teilnahme an einem von der zuständigen Stelle anerkannten Kurs oder anderen von der zuständigen Stelle als geeignet anerkannten Fortbildungsmaßnahmen aktualisiert werden. Abweichend hiervon kann die Fachkunde im Strahlenschutz im Einzelfall auf andere geeignete Weise aktualisiert und die Aktualisierung der zuständigen Behörde nachgewiesen werden. Der Nachweis über die Aktualisierung der Fachkunde nach Satz 1 ist der zuständigen Stelle auf Anforderung vorzulegen. Die zuständige Stelle kann eine Bescheinigung über die Fachkunde oder über die Kenntnisse entziehen oder deren Fortgeltung mit Auflagen versehen, wenn der Nachweis über Fortbildungsmaßnahmen nicht oder nicht vollständig vorgelegt wird oder eine Überprüfung nach Satz 5 ergibt, dass die Fachkunde oder die Kenntnisse im Strahlenschutz nicht oder nicht im erforderlichen Umfang vorhanden sind. Bestehen begründete Zweifel an der erforderlichen Fachkunde, kann die zuständige Behörde eine Überprüfung der Fachkunde veranlassen.

(3) Die erforderlichen Kenntnisse im Strahlenschutz werden in der Regel durch eine für das jeweilige Anwendungsgebiet geeignete Einweisung und praktische Erfahrung erworben. Für Personen nach § 3 Abs. 4 Satz 2 Nr. 3, § 24 Abs. 1 Nr. 3 und Abs. 2 Nr. 4 und § 29 Absatz 1 Nummer 2 und Abs. 2 Nr. 3 gilt Absatz 1 Satz 2 bis 5 und Absatz 2 entsprechend. Für die in Satz 2 genannten Personen gelten abweichend von Absatz 1 Satz 3 die Kenntnisse mit dem erfolgreichen Abschluss eines anerkannten Kurses als geprüft und bescheinigt, wenn die zuständige Behörde auf Antrag eines Kursveranstalters zuvor festgestellt hat, dass die erforderlichen Kenntnisse im Strahlenschutz mit dem Bestehen der Abschlussprüfung dieses Kurses erworben werden. Absatz 4 gilt entsprechend.

(4) Kurse nach Absatz 1 Satz 1, Absatz 2 und 3 Satz 2 können von der für die Kursstätte zuständigen Stelle nur anerkannt werden, wenn die Kursinhalte geeignet sind, das für den jeweiligen Anwendungsbereich erforderliche Wissen im Strahlenschutz zu vermitteln und die Qualifikation des Lehrpersonals und die Ausstattung der Kursstätte eine ordnungsgemäße Wissensvermittlung gewährleisten.

-

§ 19 Strahlenschutzbereiche

(1) Bei genehmigungs- und anzeigebedürftigen Tätigkeiten nach dieser Verordnung sind Strahlenschutzbereiche nach Maßgabe des Satzes 2 einzurichten. Je nach Höhe der Strahlenexposition wird zwischen Überwachungsbereichen und Kontrollbereichen unterschieden:

1.
Überwachungsbereiche sind nicht zum Kontrollbereich gehörende betriebliche Bereiche, in denen Personen im Kalenderjahr eine effektive Dosis von mehr als 1 Millisievert oder höhere Organdosen als 15 Millisievert für die Augenlinse oder 50 Millisievert für die Haut, die Hände, die Unterarme, die Füße und Knöchel erhalten können.

2.
Kontrollbereiche sind Bereiche, in denen Personen im Kalenderjahr eine effektive Dosis von mehr als 6 Millisievert oder höhere Organdosen als 45 Millisievert für die Augenlinse oder 150 Millisievert für die Haut, die Hände, die Unterarme, die Füße und Knöchel erhalten können.

(2) Kontrollbereiche sind abzugrenzen und während der Einschaltzeit zu kennzeichnen. Die Kennzeichnung muss deutlich sichtbar mindestens die Worte "Kein Zutritt - Röntgen" enthalten; sie muss auch während der Betriebsbereitschaft vorhanden sein.

(3) Aus anderen Strahlenquellen herrührende Ortsdosen sind bei der Festlegung der Grenzen des Kontrollbereichs und des Überwachungsbereichs einzubeziehen.

(4) Die zuständige Behörde kann anordnen, dass weitere Bereiche als Kontrollbereiche oder als Überwachungsbereiche zu behandeln sind, wenn dies zum Schutz Einzelner oder der Allgemeinheit erforderlich ist.

(5) Die Bereiche nach den Absätzen 1 und 4 gelten als Strahlenschutzbereiche nur während der Einschaltzeit des Strahlers.

(6) Beim Betrieb ortsveränderlicher Röntgeneinrichtungen oder Störstrahler nach § 5 Abs. 1 ist ein nach Absatz 1 Satz 2 Nr. 2 einzurichtender Kontrollbereich zu kennzeichnen und so abzugrenzen, dass unbeteiligte Personen diesen nicht unbeabsichtigt betreten können. Kann ausgeschlossen werden, dass unbeteiligte Personen den Kontrollbereich unbeabsichtigt betreten können, ist die Abgrenzung nicht erforderlich.

-

§ 20 Röntgenräume

(1) Eine Röntgeneinrichtung darf nur in einem allseitig umschlossenen Raum (Röntgenraum) betrieben werden, der in der Genehmigung oder in der Bescheinigung des Sachverständigen nach § 4a bezeichnet ist.

(2) Abweichend von Absatz 1 darf eine Röntgeneinrichtung zur Untersuchung außerhalb des Röntgenraumes betrieben werden, wenn der Zustand der zu untersuchenden Person oder des zu untersuchenden Tieres oder dessen Größe dies zwingend erfordert. Dabei sind besondere

Vorkehrungen zum Schutz Dritter vor Röntgenstrahlung zu treffen.

(3) Absatz 1 ist nicht anzuwenden auf den Betrieb von Röntgeneinrichtungen

1.

   für technische Zwecke, wenn sie den Vorschriften der Anlage 2 Nummer 2, 3 oder Nummer 6 entsprechen,

2.

   für den Unterricht an Schulen, wenn sie den Vorschriften der Anlage 2 Nr. 4 entsprechen,

3.

   bei denen in der Genehmigung ausdrücklich festgestellt ist, dass sie zum Betrieb außerhalb eines Röntgenraumes bestimmt sind, und

4.

   in sonstigen Fällen, wenn es im Einzelfall zwingend erforderlich ist, die Röntgeneinrichtung außerhalb eines Röntgenraumes zu betreiben, und die für die Genehmigung nach § 3 oder für die Entgegennahme der Anzeige nach § 4 zuständige Behörde den Betrieb außerhalb eines Röntgenraumes gestattet.

(4) Die Behörde kann für Störstrahler nach § 5 Abs. 1 festlegen, dass sie nur in allseitig umschlossenen Räumen betrieben werden dürfen.

(5) Röntgeneinrichtungen zur Behandlung dürfen nur in allseitig umschlossenen Räumen (Bestrahlungsräumen) betrieben werden. Diese müssen so bemessen sein, dass die erforderlichen Verrichtungen ohne Behinderung vorgenommen werden können. Bestrahlungsräume, in denen die Ortsdosisleistung höher als 3 Millisievert durch Stunde sein kann, sind darüber hinaus so abzusichern, dass Personen, auch mit einzelnen Körperteilen, nicht unkontrolliert hineingelangen können. Es muss eine geeignete Ausstattung zur Überwachung des Patienten im Bestrahlungsraum vorhanden sein.

-

§ 21 Schutzvorkehrungen

(1) Der Schutz beruflich strahlenexponierter Personen vor Strahlung ist vorrangig durch bauliche und technische Vorrichtungen oder durch geeignete Arbeitsverfahren sicherzustellen. Bei Personen, die sich im Kontrollbereich aufhalten, ist sicherzustellen, dass sie die erforderliche Schutzkleidung tragen und die erforderlichen Schutzausrüstungen verwenden.

(2) Im Kontrollbereich von Röntgeneinrichtungen, die in Röntgenräumen betrieben werden, dürfen Arbeitsplätze, Verkehrswege oder Umkleidekabinen nur liegen, wenn sichergestellt ist, dass sich dort während

der Einschaltzeit Personen nicht aufhalten. Dies gilt nicht für Arbeitsplätze, die aus Gründen einer ordnungsgemäßen Anwendung der Röntgenstrahlen nicht außerhalb des Kontrollbereichs liegen können.

-

§ 22 Zutritt zu Strahlenschutzbereichen

(1) Personen darf der Zutritt

1.

   zu Überwachungsbereichen nur erlaubt werden, wenn

   a)

   sie darin eine dem Betrieb der Röntgeneinrichtung dienende Aufgabe wahrnehmen,

   b)

   an ihnen nach § 25 Abs. 1 Röntgenstrahlung angewendet werden soll oder ihr Aufenthalt in diesem Bereich als Proband, helfende Person oder Tierbegleitperson erforderlich ist,

   c)

   bei Auszubildenden oder Studierenden dies zur Erreichung ihres Ausbildungszieles erforderlich ist oder

   d)

   sie Besucher sind,

2.

   zu Kontrollbereichen nur erlaubt werden, wenn

   a)

   sie zur Durchführung oder Aufrechterhaltung der darin vorgesehenen Betriebsvorgänge tätig werden müssen,

   b)

   an ihnen nach § 25 Abs. 1 Röntgenstrahlung angewendet werden soll oder ihr Aufenthalt in diesem Bereich als Proband, helfende Person oder Tierbegleitperson erforderlich ist und eine zur Ausübung des ärztlichen, zahnärztlichen oder tierärztlichen Berufs berechtigte Person, die die erforderliche Fachkunde im Strahlenschutz besitzt, zugestimmt hat,

   c)

   bei Auszubildenden oder Studierenden dies zur Erreichung ihres Ausbildungszieles erforderlich ist oder

   d)

   bei schwangeren Frauen, die nach Buchstabe a oder c den Kontrollbereich betreten dürfen, der fachkundige Strahlenschutzverantwortliche oder der Strahlenschutzbeauftragte dies ausdrücklich gestattet und durch geeignete Überwachungsmaßnahmen sicherstellt, dass der besondere Dosisgrenzwert nach § 31a Abs. 4 Satz 2 eingehalten und dies dokumentiert wird.

Die zuständige Behörde kann gestatten, dass der fachkundige Strahlenschutzverantwortliche oder der zuständige Strahlenschutzbeauftragte auch anderen Personen den Zutritt zu Strahlenschutzbereichen erlaubt. Betretungsrechte auf Grund anderer gesetzlicher Regelungen bleiben unberührt.

(2) Schwangeren Frauen darf der Zutritt zu Kontrollbereichen als helfende Person abweichend von Absatz 1 Satz 1 Nr. 2 Buchstabe b nur gestattet werden, wenn zwingende Gründe dies erfordern. Schwangeren Frauen darf der Zutritt zu Kontrollbereichen als Tierbegleitperson abweichend von Absatz 1 Satz 1 Nummer 2 Buchstabe b nicht gestattet werden.

Unterabschnitt 2
Anwendung von Röntgenstrahlen am Menschen

§ 23 Rechtfertigende Indikation

(1) Röntgenstrahlung darf unmittelbar am Menschen in Ausübung der Heilkunde oder Zahnheilkunde nur angewendet werden, wenn eine Person nach § 24 Abs. 1 Nr. 1 oder 2 hierfür die rechtfertigende Indikation gestellt hat. Die rechtfertigende Indikation erfordert die Feststellung, dass der gesundheitliche Nutzen der Anwendung am Menschen gegenüber dem Strahlenrisiko überwiegt. Andere Verfahren mit vergleichbarem gesundheitlichen Nutzen, die mit keiner oder einer geringeren Strahlenexposition verbunden sind, sind bei der Abwägung zu berücksichtigen. Eine rechtfertigende Indikation nach Satz 1 ist auch dann zu stellen, wenn die Anforderung eines überweisenden Arztes vorliegt. Die rechtfertigende Indikation darf nur gestellt werden, wenn der die rechtfertigende Indikation stellende Arzt den Patienten vor Ort persönlich untersuchen kann, es sei denn, es liegt ein Anwendungsfall des § 3 Abs. 4 vor. § 28a bleibt unberührt.

(2) Der die rechtfertigende Indikation stellende Arzt hat vor der Anwendung, erforderlichenfalls in Zusammenarbeit mit dem überweisenden Arzt, die verfügbaren Informationen über bisherige medizinische Erkenntnisse heranzuziehen, um jede unnötige Strahlenexposition zu vermeiden. Patienten sind über frühere medizinische Anwendungen von ionisierender Strahlung und weiteren bildgebenden Verfahren, die für die vorgesehene

Anwendung von Bedeutung sind, zu befragen.

(3) Vor einer Anwendung von Röntgenstrahlung in der Heilkunde oder Zahnheilkunde hat der anwendende Arzt gebärfähige Frauen, erforderlichenfalls in Zusammenarbeit mit dem überweisenden Arzt, zu befragen, ob eine Schwangerschaft besteht oder bestehen könnte. Bei bestehender oder nicht auszuschließender Schwangerschaft ist die Dringlichkeit der Anwendung besonders zu prüfen.

§ 24 Berechtigte Personen

(1) In der Heilkunde oder Zahnheilkunde darf Röntgenstrahlung am Menschen nur angewendet werden von

1.
   Personen, die als Ärzte approbiert sind oder denen die Ausübung des ärztlichen Berufs erlaubt ist und die für das Gesamtgebiet der Röntgenuntersuchung oder Röntgenbehandlung die erforderliche Fachkunde im Strahlenschutz besitzen,

2.
   Personen, die als Ärzte oder Zahnärzte approbiert sind oder denen die Ausübung des ärztlichen oder zahnärztlichen Berufs erlaubt ist und die für das Teilgebiet der Anwendung von Röntgenstrahlung, in dem sie tätig sind, die erforderliche Fachkunde im Strahlenschutz besitzen,

3.
   Personen, die als Ärzte oder Zahnärzte approbiert sind oder zur Ausübung des ärztlichen oder zahnärztlichen Berufs berechtigt sind und nicht über die erforderliche Fachkunde im Strahlenschutz verfügen, wenn sie unter ständiger Aufsicht und Verantwortung einer Person nach Nummer 1 oder 2 tätig sind und über die erforderlichen Kenntnisse im Strahlenschutz verfügen.

(2) Die technische Durchführung ist neben den in Absatz 1 genannten Personen ausschließlich

1.
   Personen mit einer Erlaubnis nach § 1 Absatz 1 Nummer 2 des MTA-Gesetzes vom 2. August 1993 (BGBl. I S. 1402), das zuletzt durch Artikel 23 des Gesetzes vom 2. Dezember 2007 (BGBl. I S. 2686) geändert worden ist,

2.
   Personen mit einer staatlich geregelten, staatlich anerkannten oder staatlich überwachten erfolgreich abgeschlossenen Ausbildung, wenn

3. die technische Durchführung Gegenstand ihrer Ausbildung und Prüfung war und sie die erforderliche Fachkunde im Strahlenschutz besitzen,

3. Personen, die sich in einer die erforderlichen Voraussetzungen zur technischen Durchführung vermittelnden beruflichen Ausbildung befinden, wenn sie unter ständiger Aufsicht und Verantwortung einer Person nach § 24 Abs. 1 Nr. 1 oder 2 Arbeiten ausführen, die ihnen im Rahmen ihrer Ausbildung übertragen sind, und sie die erforderlichen Kenntnisse im Strahlenschutz besitzen und

4. Personen mit einer erfolgreich abgeschlossenen sonstigen medizinischen Ausbildung, wenn sie unter ständiger Aufsicht und Verantwortung einer Person nach Absatz 1 Nr. 1 oder 2 tätig sind und die erforderlichen Kenntnisse im Strahlenschutz besitzen,

5. Medizinphysik-Experten, wenn sie unter ständiger Aufsicht und Verantwortung einer Person nach Absatz 1 Nummer 1 oder Nummer 2 tätig sind,

erlaubt.

-

§ 25 Anwendungsgrundsätze

(1) Röntgenstrahlung darf am Menschen nur in Ausübung der Heilkunde oder Zahnheilkunde, in der medizinischen Forschung, in sonstigen durch Gesetz vorgesehenen oder zugelassenen Fällen, zur Untersuchung nach Vorschriften des allgemeinen Arbeitsschutzes oder in den Fällen, in denen die Aufenthalts- oder Einwanderungsbestimmungen eines anderen Staates eine Röntgenaufnahme fordern, angewendet werden. Freiwillige Röntgenreihenuntersuchungen zur Ermittlung übertragbarer Krankheiten in Landesteilen oder für Bevölkerungsgruppen mit überdurchschnittlicher Erkrankungshäufigkeit oder zur Früherkennung von Krankheiten bei besonders betroffenen Personengruppen bedürfen der Zulassung durch die zuständigen obersten Landesgesundheitsbehörden. Für die Anwendung von Röntgenstrahlung am Menschen in den nach dem Infektionsschutzgesetz vorgesehenen Fällen gelten § 23 Abs. 3 und § 24, für die übrigen Anwendungen von Röntgenstrahlung am Menschen außerhalb der Heilkunde oder Zahnheilkunde gelten die §§ 23 und 24 entsprechend.
(1a) Bei jeder Anwendung von Röntgenstrahlung am Menschen muss die ordnungsgemäße Funktion der Röntgeneinrichtung sichergestellt sein.
(2) Die durch eine Röntgenuntersuchung bedingte Strahlenexposition ist so

weit einzuschränken, wie dies mit den Erfordernissen der medizinischen Wissenschaft zu vereinbaren ist. Bei der Röntgenbehandlung müssen Dosis und Dosisverteilung bei jeder zu behandelnden Person nach den Erfordernissen der medizinischen Wissenschaft individuell festgelegt werden; die Dosis außerhalb des Zielvolumens ist so niedrig zu halten, wie dies unter Berücksichtigung des Behandlungszwecks möglich ist. Ist bei Frauen trotz bestehender oder nicht auszuschließender Schwangerschaft die Anwendung von Röntgenstrahlung geboten, sind alle Möglichkeiten zur Herabsetzung der Strahlenexposition der Schwangeren und insbesondere des ungeborenen Kindes auszuschöpfen.

(3) Körperbereiche, die bei der vorgesehenen Anwendung von Röntgenstrahlung nicht von der Nutzstrahlung getroffen werden müssen, sind vor einer Strahlenexposition so weit wie möglich zu schützen.

(4) Die Vorschriften über die Dosisgrenzwerte und über die physikalische Strahlenschutzkontrolle nach § 35 gelten nicht für Personen, an denen nach Absatz 1 Röntgenstrahlung angewendet wird.

(5) Helfende Personen sind über die möglichen Gefahren der Strahlenexposition vor dem Betreten des Kontrollbereichs zu unterrichten. Es sind Maßnahmen zu ergreifen, um ihre Strahlenexposition zu beschränken. Absatz 4, § 35 Abs. 1 Satz 1 und Abs. 9 Satz 1 gelten entsprechend für helfende Personen.

(6) Es ist dafür zu sorgen, dass die ausschließlich für die Anwendung von Röntgenstrahlung am Menschen bestimmten Einrichtungen nur in dem Umfang vorhanden sind, wie es für die ordnungsgemäße Durchführung der radiologischen Diagnostik erforderlich ist.

-

§ 26 Röntgendurchleuchtung

Bei der Röntgendurchleuchtung von Menschen ist zur Gewährleistung des Standes der Technik zumindest eine Einrichtung zur elektronischen Bildverstärkung mit Fernsehkette und automatischer Dosisleistungsregelung oder eine andere, mindestens gleichwertige Einrichtung zu verwenden. Der Röntgenstrahler darf nur während der Durchleuchtung oder zum Anfertigen einer Aufnahme eingeschaltet sein.

-

§ 27 Röntgenbehandlung

(1) Vor der Röntgenbehandlung muss von einer Person nach § 24 Abs. 1 Nr. 1 oder 2 und, soweit es die Art der Behandlung erfordert, einem

Medizinphysik-Experten ein auf den Patienten bezogener Bestrahlungsplan einschließlich der Bestrahlungsbedingungen nach Maßgabe des Satzes 2 schriftlich festgelegt werden. Aus dem Bestrahlungsplan müssen alle erforderlichen Daten der Röntgenbehandlung zu ersehen sein, insbesondere die Dauer und Zeitfolge der Bestrahlungen, die Oberflächendosis und die Dosis im Zielvolumen, die Lokalisation und die Abgrenzung des Bestrahlungsfeldes, die Einstrahlrichtung, die Filterung, der Röntgenröhrenstrom, die Röntgenröhrenspannung und der Brennfleck-Haut-Abstand sowie die Festlegung des Schutzes gegen Streustrahlung.

(2) Die Einhaltung aller im Bestrahlungsplan festgelegten Bedingungen sind vor Beginn

1.

    der ersten Bestrahlung von einer Person nach § 24 Abs. 1 Nr. 1 oder 2 und, soweit es die Art der Behandlung erfordert, von einem Medizinphysik-Experten,

2.

    jeder weiteren Bestrahlung von einer Person nach § 24 Abs. 1 Nr. 1 oder 2

zu überprüfen.

(3) Über die Röntgenbehandlung ist ein Bestrahlungsprotokoll zu erstellen. Hierzu gehören auch Aufzeichnungen über die Überprüfung der Filterung.

-

§ 28 Aufzeichnungspflichten, Röntgenpass

(1) Es ist dafür zu sorgen, dass über jede Anwendung von Röntgenstrahlung am Menschen Aufzeichnungen nach Maßgabe des Satzes 2 angefertigt werden. Die Aufzeichnungen müssen enthalten:

1.

    die Ergebnisse der Befragung des Patienten nach § 23 Abs. 2 Satz 2 und Abs. 3 Satz 1,

2.

    den Zeitpunkt und die Art der Anwendung,

3.

    die untersuchte Körperregion,

4.

    Angaben zur rechtfertigenden Indikation nach § 23 Abs. 1 Satz 1,

5.

    bei einer Untersuchung zusätzlich den erhobenen Befund,

6.

die Strahlenexposition des Patienten, soweit sie erfasst worden ist, oder die zu deren Ermittlung erforderlichen Daten und Angaben und

7.

bei einer Behandlung zusätzlich den Bestrahlungsplan nach § 27 Abs. 1 Satz 1 und das Bestrahlungsprotokoll nach § 27 Abs. 3.

Die Aufzeichnungen sind gegen unbefugten Zugriff und unbefugte Änderung zu sichern. Sie sind auf Verlangen der zuständigen Behörde vorzulegen; dies gilt nicht für die medizinischen Befunde.

(2) Der untersuchten oder behandelten Person ist auf deren Wunsch eine Abschrift oder Ablichtung der Aufzeichnungen nach Absatz 1 Satz 2 Nr. 2, 3, 6 und 7 zu überlassen. Bei Röntgenuntersuchungen sind Röntgenpässe bereitzuhalten und der untersuchten Person anzubieten. Wird ein Röntgenpass ausgestellt oder legt die untersuchte Person einen Röntgenpass vor, so sind die Angaben nach Absatz 1 Satz 2 Nr. 2 und 3 sowie Angaben zum untersuchenden Arzt einzutragen.

(3) Aufzeichnungen über Röntgenbehandlungen sind 30 Jahre lang nach der letzten Behandlung aufzubewahren. Röntgenbilder und die Aufzeichnungen nach Absatz 1 Satz 2 über Röntgenuntersuchungen sind zehn Jahre lang nach der letzten Untersuchung aufzubewahren. Röntgenbilder und die Aufzeichnungen von Röntgenuntersuchungen einer Person, die das 18. Lebensjahr noch nicht vollendet hat, sind bis zur Vollendung des 28. Lebensjahres dieser Person aufzubewahren. Die zuständige Behörde kann verlangen, dass im Falle der Praxisaufgabe oder sonstiger Einstellung des Betriebes die Aufzeichnungen und Röntgenbilder unverzüglich bei einer von ihr bestimmten Stelle zu hinterlegen sind; dabei ist die ärztliche Schweigepflicht zu wahren. Diese Stelle hat auch die sich aus Absatz 6 Satz 1 ergebenden Pflichten zu erfüllen.

(4) Röntgenbilder und die Aufzeichnungen nach Absatz 1 Satz 2 können als Wiedergabe auf einem Bildträger oder auf anderen Datenträgern aufbewahrt werden, wenn sichergestellt ist, dass die Wiedergaben oder die Daten

1.

mit den Bildern oder Aufzeichnungen bildlich oder inhaltlich übereinstimmen, wenn sie lesbar gemacht werden und

2.

während der Dauer der Aufbewahrungsfrist verfügbar sind und jederzeit innerhalb angemessener Zeit lesbar gemacht werden können,

und sichergestellt ist, dass während der Aufbewahrungszeit keine Informationsänderungen oder -verluste eintreten können.

(5) Werden personenbezogene Patientendaten (Familienname, Vornamen, Geburtsdatum und -ort, Geschlecht), Befunde, Röntgenbilder oder sonstige Aufzeichnungen nach Absatz 1 Satz 2 auf elektronischem Datenträger

aufbewahrt, ist durch geeignete Maßnahmen sicherzustellen, dass

1.
   der Urheber, der Entstehungsort und -zeitpunkt eindeutig erkennbar
   sind,

2.
   das Basisbild mit den bei der Nachverarbeitung verwendeten
   Bildbearbeitungsparametern unverändert aufbewahrt wird; werden
   Serien von Einzelbildern angefertigt, muss erkennbar sein, wie viele
   Röntgenbilder insgesamt gefertigt wurden und ob alle bei der
   Untersuchung erzeugten Röntgenbilder oder nur eine Auswahl
   aufbewahrt wurden; wird nur eine Auswahl an Röntgenbildern
   aufbewahrt, müssen die laufenden Nummern der Röntgenbilder einer
   Serie mit aufbewahrt werden,

3.
   nachträgliche Änderungen oder Ergänzungen als solche erkennbar sind
   und mit Angaben zu Urheber und Zeitpunkt der nachträglichen
   Änderungen oder Ergänzungen aufbewahrt werden und

4.
   während der Dauer der Aufbewahrung die Verknüpfung der
   personenbezogenen Patientendaten mit dem erhobenen Befund, den
   Daten, die den Bilderzeugungsprozess beschreiben, den Bilddaten und
   den sonstigen Aufzeichnungen nach Absatz 1 Satz 2 jederzeit
   hergestellt werden kann.

Röntgenbilder können bei der Aufbewahrung auf elektronischem
Datenträger komprimiert werden, wenn sichergestellt ist, dass die
diagnostische Aussagekraft erhalten bleibt.

(6) Auf elektronischem Datenträger aufbewahrte Röntgenbilder und
Aufzeichnungen müssen einem mit- oder weiterbehandelnden Arzt oder
Zahnarzt oder der ärztlichen oder zahnärztlichen Stelle in einer für diese
geeigneten Form zugänglich gemacht werden können. Dabei muss
sichergestellt sein, dass diese Daten mit den Ursprungsdaten
übereinstimmen und die daraus erstellten Bilder zur Befundung geeignet
sind. Sofern die Übermittlung durch Datenübertragung erfolgen soll, müssen
dem jeweiligen Stand der Technik entsprechende Maßnahmen zur
Sicherstellung von Datenschutz und Datensicherheit getroffen werden, die
insbesondere die Vertraulichkeit und Unversehrtheit der Daten
gewährleistet; bei der Nutzung allgemein zugänglicher Netze sind
Verschlüsselungsverfahren anzuwenden.

(7) Soweit das Medizinproduktegesetz Anforderungen an die Beschaffenheit
von Geräten und Einrichtungen zur Aufzeichnung, Speicherung,
Auswertung, Wiedergabe und Übertragung von Röntgenbildern enthält,

bleiben diese unberührt.

(8) Wer eine Person mit Röntgenstrahlung untersucht oder behandelt, hat einem diese Person später untersuchenden oder behandelnden Arzt oder Zahnarzt auf dessen Verlangen Auskünfte über die Aufzeichnungen nach Absatz 1 Satz 2 zu erteilen und ihm die Aufzeichnungen und Röntgenbilder vorübergehend zu überlassen. Auch ohne dieses Verlangen sind die Aufzeichnungen und Röntgenbilder der untersuchten oder behandelten Person zur Weiterleitung an einen später untersuchenden oder behandelnden Arzt oder Zahnarzt vorübergehend zu überlassen, wenn zu erwarten ist, dass dadurch eine weitere Untersuchung mit Röntgenstrahlung vermieden werden kann. Sofern die Aufzeichnungen und Röntgenbilder einem beauftragten Dritten zur Weiterleitung an einen später untersuchenden oder behandelnden Arzt oder Zahnarzt überlassen werden, sind geeignete Maßnahmen zur Wahrung der ärztlichen Schweigepflicht zu treffen. Auf die Pflicht zur Rückgabe der Aufzeichnungen und Röntgenbilder an den Aufbewahrungspflichtigen ist in geeigneter Weise hinzuweisen.

(9) Das Bundesamt für Strahlenschutz ermittelt regelmäßig die medizinische Strahlenexposition der Bevölkerung und ausgewählter Bevölkerungsgruppen.

<u>Unterabschnitt 2a</u>
<u>Medizinische Forschung</u>

-

§ 28a Genehmigung zur Anwendung von Röntgenstrahlung am Menschen in der medizinischen Forschung

(1) Wer zum Zweck der medizinischen Forschung Röntgenstrahlung am Menschen anwendet, bedarf der Genehmigung.

(2) Für die Erteilung der Genehmigung ist das Bundesamt für Strahlenschutz zuständig.

-

§ 28b Genehmigungsvoraussetzungen für die Anwendung von Röntgenstrahlung am Menschen in der medizinischen Forschung

(1) Die Genehmigung nach § 28a Absatz 1 darf nur erteilt werden, wenn

1.

für das beantragte Forschungsvorhaben ein zwingendes Bedürfnis besteht, weil die bisherigen Forschungsergebnisse und die

47

2. medizinischen Erkenntnisse nicht ausreichen,

die Anwendung von Röntgenstrahlung nicht durch eine Untersuchungs-
oder Behandlungsart ersetzt werden kann, die keine Strahlenexposition
verursacht,

3. die strahlenbedingten Risiken, die mit der Anwendung für den
Probanden verbunden sind, gemessen an der voraussichtlichen
Bedeutung der Ergebnisse für die Fortentwicklung der Heilkunde oder
Zahnheilkunde oder der medizinischen Wissenschaft, ärztlich
gerechtfertigt sind,

4. die für die medizinische Forschung vorgesehenen Anwendungsarten
von Röntgenstrahlung dem Zweck der Forschung entsprechen und
nicht durch andere Anwendungsarten von Röntgenstrahlung ersetzt
werden können, die zu einer geringeren Strahlenexposition für den
Probanden führen,

5. die bei der Anwendung von Röntgenstrahlung auftretende
Strahlenexposition nach dem Stand von Wissenschaft und Technik
nicht weiter herabgesetzt werden kann, ohne den Zweck des
Forschungsvorhabens zu gefährden,

6. die Körperdosis des Probanden abgeschätzt worden ist,

7. die Anzahl der Probanden auf das notwendige Maß beschränkt wird,

8. die Stellungnahme einer Ethikkommission nach § 28g zu dem
beantragten Forschungsvorhaben vorliegt,

9. sichergestellt ist, dass
a)
die Anwendung von einem Arzt geleitet wird, der eine mindestens
zweijährige Erfahrung in der Anwendung von Röntgenstrahlung
am Menschen nachweisen kann, die erforderliche Fachkunde im
Strahlenschutz besitzt und während der Anwendung ständig
erreichbar ist, und
b)
bei der Planung und bei der Anwendung ein Medizinphysik-
Experte hinzugezogen werden kann, soweit es die Art der
Anwendung erfordert,

10.

die erforderliche Vorsorge für die Erfüllung gesetzlicher Schadensersatzverpflichtungen getroffen ist und

11.

der Betrieb der Röntgeneinrichtung nach § 3 oder § 4 dieser Verordnung zulässig ist.

(2) Bei einem Forschungsvorhaben, das die Prüfung von Sicherheit oder Wirksamkeit eines Verfahrens zur Behandlung kranker Menschen zum Gegenstand hat, kann die zuständige Behörde abweichend von Absatz 1 eine Genehmigung nach § 28a Absatz 1 auch dann erteilen, wenn der Antragsteller

1.

nachvollziehbar darlegt, dass

a)

die Anwendung von Röntgenstrahlung selbst nicht Gegenstand des Forschungsvorhabens ist,

b)

die Art der Anwendung von Röntgenstrahlung anerkannten Standardverfahren der Heilkunde am Menschen entspricht,

c)

Art und Häufigkeit der Anwendung von Röntgenstrahlung dem Zweck des Forschungsvorhabens entsprechen und

d)

gewährleistet ist, dass ausschließlich einwilligungsfähige Personen, die das 18. Lebensjahr vollendet haben, in das Forschungsvorhaben eingeschlossen werden, bei denen eine Krankheit vorliegt, deren Behandlung im Rahmen des Forschungsvorhabens geprüft wird, sowie

2.

die zustimmende Stellungnahme einer Ethikkommission nach § 28g vorlegt.

(3) Die durch das Forschungsvorhaben bedingte effektive Dosis darf für gesunde Probanden den Grenzwert von 20 Millisievert nicht überschreiten.

(4) Sieht der Antrag die Anwendung von Röntgenstrahlung an mehreren Einrichtungen vor (Multi-Center-Studie), kann die Genehmigungsbehörde eine alle Einrichtungen umfassende Genehmigung erteilen, wenn dies der sachgerechten Durchführung der Studie dient. Im Fall einer Genehmigung nach Satz 1 in Verbindung mit Absatz 1 ist für jede beteiligte Einrichtung nachzuweisen, dass die Voraussetzungen nach Absatz 1 Nummer 9 und 11 vorliegen.

(5) Die Vorsorge zur Erfüllung gesetzlicher Schadensersatzverpflichtungen

ist für einen Zeitraum von zehn Jahren nach Beendigung des Forschungsvorhabens zu treffen. Die Regelungen des Absatzes 1 Nummer 10 gelten nicht, soweit die Vorgaben der Atomrechtlichen Deckungsvorsorge-Verordnung durch die Vorsorge zur Erfüllung gesetzlicher Schadensersatzverpflichtungen nach den entsprechenden Vorschriften des Arzneimittelgesetzes oder des Medizinproduktegesetzes dem Grund und der Höhe nach erfüllt sind. Im Fall einer Genehmigung nach Absatz 2 bedarf es keiner Deckungsvorsorge, die über die Probandenversicherung nach dem Arzneimittelgesetz oder nach dem Medizinproduktegesetz hinausgeht.

-

§ 28c Besondere Schutz-, Aufklärungs- und Aufzeichnungspflichten

(1) Die Anwendung von Röntgenstrahlung am Menschen in der medizinischen Forschung ist nur mit der persönlichen Einwilligung des Probanden zulässig. Der Inhaber der Genehmigung nach § 28a Abs. 1 hat eine schriftliche Erklärung des Probanden darüber einzuholen, dass er mit

1.
    der Anwendung von Röntgenstrahlung an seiner Person und

2.
    den Untersuchungen, die vor, während und nach der Anwendung zur Kontrolle und zur Erhaltung seiner Gesundheit erforderlich sind, einverstanden ist. Die Erklärung ist nur wirksam, wenn der Proband geschäftsfähig und in der Lage ist, das Risiko der Anwendung der Röntgenstrahlung für sich einzusehen und seinen Willen hiernach zu bestimmen. Diese Erklärung und alle im Zusammenhang mit der Anwendung stehenden Einwilligungen können jederzeit formlos widerrufen werden.

(2) Die Anwendung ist ferner nur zulässig, wenn der Proband zuvor eine weitere schriftliche Erklärung darüber abgegeben hat, dass er mit der

1.
    Mitteilung seiner Teilnahme an dem Forschungsvorhaben und

2.
    der unwiderruflichen Mitteilung der durch die Anwendung erhaltenen Strahlenexpositionen

an die zuständige Behörde einverstanden ist.

(3) Vor Abgabe der Einwilligungen ist der Proband durch den das Forschungsvorhaben leitenden oder einen von diesem beauftragten Arzt oder Zahnarzt über Art, Bedeutung, Tragweite und Risiken der Anwendung

der Röntgenstrahlung und über die Möglichkeit des Widerrufs aufzuklären. Der Proband ist zu befragen, ob an ihm bereits ionisierende Strahlung zum Zweck der Untersuchung, Behandlung oder außerhalb der Heilkunde oder Zahnheilkunde angewendet worden ist. Über die Aufklärung und die Befragung des Probanden sind Aufzeichnungen anzufertigen.

(4) Der Proband ist vor Beginn der Anwendung von Röntgenstrahlung ärztlich oder zahnärztlich zu untersuchen. Die Körperdosis ist durch geeignete Verfahren zu überwachen. Der Zeitpunkt der Anwendung, die Ergebnisse der Überwachungsmaßnahmen und die Befunde sind aufzuzeichnen.

(5) Die Erklärungen nach Absatz 1 Satz 2 und Absatz 2 und die Aufzeichnungen nach Absatz 3 Satz 3 und Absatz 4 Satz 3 sind 30 Jahre lang nach deren Abgabe oder dem Zeitpunkt der Anwendung aufzubewahren und auf Verlangen der zuständigen Behörde vorzulegen. Für die Aufzeichnungen gilt § 28 Abs. 2, 3 Satz 4 und 5 und Abs. 4 bis 7 entsprechend.

-

§ 28d Anwendungsverbote und Anwendungsbeschränkungen für einzelne Personengruppen

(1) An schwangeren Frauen darf Röntgenstrahlung in der medizinischen Forschung nicht angewendet werden. Das Gleiche gilt für Personen, die auf gerichtliche oder behördliche Anordnung verwahrt werden.

(2) Von der Anwendung ausgeschlossen sind gesunde Probanden, bei denen in den vergangenen zehn Jahren Röntgenstrahlung zu Forschungs- oder Behandlungszwecken angewendet worden ist, wenn durch die erneute Anwendung in der medizinischen Forschung eine effektive Dosis von mehr als 10 Millisievert zu erwarten ist. § 28b Absatz 3 bleibt unberührt.

(3) Die Anwendung von Röntgenstrahlung an gesunden Probanden, die das 50. Lebensjahr nicht vollendet haben, ist nur zulässig, wenn dies ärztlich gerechtfertigt und zur Erreichung des Forschungszieles besonders notwendig ist.

(4) An geschäftsunfähigen und beschränkt geschäftsfähigen Probanden ist die Anwendung von Röntgenstrahlung nur zulässig, wenn

1.

    das Forschungsziel anders nicht erreicht werden kann,

2.

    die Anwendung an Probanden erfolgt, bei denen in Bezug auf das genehmigungsbedürftige Forschungsvorhaben eine Krankheit oder ein entsprechender Krankheitsverdacht vorliegt, und die Anwendung geeignet ist, diese Krankheit zu erkennen, das Leben der betroffenen Person zu retten, ihre Gesundheit wiederherzustellen oder ihr Leiden zu lindern, und

3.

der gesetzliche Vertreter oder der Betreuer seine Einwilligung abgegeben hat, nachdem er von dem das Forschungsvorhaben leitenden Arzt oder Zahnarzt über Wesen, Bedeutung, Tragweite und Risiken aufgeklärt worden ist; ist der geschäftsunfähige oder beschränkt geschäftsfähige Proband in der Lage, Wesen, Bedeutung und Tragweite der Anwendung einzusehen und seinen Willen hiernach zu bestimmen, ist zusätzlich dessen persönliche Einwilligung erforderlich.

Für die Erklärungen nach Satz 1 Nr. 3 gilt § 28c Abs. 1 bis 3 entsprechend.

-

§ 28e Mitteilungs- und Berichtspflichten

(1) Der zuständigen Aufsichtsbehörde und der Genehmigungsbehörde sind unverzüglich mitzuteilen:

1.

jede Überschreitung der Dosisgrenzwerte nach § 28b Absatz 3 und § 28d Absatz 2 Satz 1 unter Angabe der näheren Umstände und

2.

die Beendigung der Anwendung von Röntgenstrahlung für die Durchführung des Forschungsvorhabens.

(2) Der zuständigen Aufsichtsbehörde und der Genehmigungsbehörde sind nach Beendigung der Anwendung je ein Abschlussbericht vorzulegen, aus dem die im Einzelfall ermittelte Körperdosis oder die zur Berechnung der Körperdosen relevanten Daten hervorgehen.

-

§ 28f Schutzanordnung

Ist zu besorgen, dass ein Proband auf Grund einer Überschreitung der genehmigten Dosiswerte für die Anwendung von Röntgenstrahlung in der medizinischen Forschung an der Gesundheit geschädigt wird, so ordnet die zuständige Aufsichtsbehörde an, dass er durch einen Arzt nach § 41 Abs. 1 Satz 1 untersucht wird.

-

§ 28g Ethikkommission

Eine im Geltungsbereich dieser Verordnung tätige Ethikkommission muss unabhängig, interdisziplinär besetzt und bei der zuständigen Bundesoberbehörde registriert sein. Ihre Aufgabe ist es, das beantragte Forschungsvorhaben nach ethischen und rechtlichen Gesichtspunkten mit mindestens fünf Mitgliedern mündlich zu beraten und innerhalb von längstens 60 Tagen nach Eingang der erforderlichen Unterlagen eine schriftliche Stellungnahme abzugeben, insbesondere dazu, ob für das beantragte Vorhaben ein zwingendes Bedürfnis im Sinne des § 28b Absatz 1 Nummer 1 besteht. Bei multizentrischen Studien genügt die Stellungnahme einer Ethikkommission. Eine Registrierung erfolgt nur, wenn in einer veröffentlichten Verfahrensordnung die Mitglieder, die aus medizinischen oder zahnmedizinischen Sachverständigen und nichtmedizinischen Mitgliedern bestehen und die erforderliche Fachkompetenz aufweisen, das Verfahren und die Anschrift aufgeführt sind. Veränderungen der Zusammensetzung der Kommission, des Verfahrens oder der übrigen Festlegungen der Verfahrensordnung sind der Behörde unverzüglich mitzuteilen.

Unterabschnitt 3
Anwendung von Röntgenstrahlung in der Tierheilkunde oder in sonstigen Fällen

-

§ 29 Berechtigte Personen in der Tierheilkunde

(1) Röntgenstrahlung darf in der Tierheilkunde nur angewendet werden von

1.

Personen, die zur Ausübung des tierärztlichen, ärztlichen oder zahnärztlichen Berufs berechtigt sind und die erforderliche Fachkunde im Strahlenschutz besitzen,

2.

Personen, die zur Ausübung des tierärztlichen, ärztlichen oder zahnärztlichen Berufs berechtigt sind und die nicht die erforderliche Fachkunde im Strahlenschutz besitzen, wenn sie auf ihrem speziellen Arbeitsgebiet über die für die Anwendung erforderlichen Kenntnisse im Strahlenschutz verfügen und unter ständiger Aufsicht und Verantwortung einer der unter Nummer 1 genannten Personen tätig sind.

(2) Die technische Durchführung ist neben den in Absatz 1 genannten

Personen ausschließlich

1.

Personen mit einer Erlaubnis nach § 1 Absatz 1 Nummer 2 des MTA-Gesetzes vom 2. August 1993 (BGBl. I S. 1402), das zuletzt durch Artikel 23 des Gesetzes vom 2. Dezember 2007 (BGBl. I S. 2686) geändert worden ist,

2.

Personen mit einer staatlich geregelten, staatlich anerkannten oder staatlich überwachten erfolgreich abgeschlossenen Ausbildung, wenn die technische Durchführung Gegenstand ihrer Ausbildung und Prüfung war und sie die erforderliche Fachkunde im Strahlenschutz besitzen,

3.

Personen, die über die erforderlichen Kenntnisse im Strahlenschutz verfügen, wenn sie unter ständiger Aufsicht und Verantwortung einer der in Absatz 1 Nr. 1 bezeichneten Personen tätig sind,

4.

Medizinphysik-Experten, wenn sie unter ständiger Aufsicht und Verantwortung einer Person nach Absatz 1 Nummer 1 tätig sind,
erlaubt.

(3) Bei der Anwendung von Röntgenstrahlung am Tier bleiben tierschutzrechtliche Vorschriften unberührt.

(4) Tierbegleitpersonen sind vor dem Betreten des Kontrollbereichs über die möglichen Gefahren der Strahlenexposition zu unterrichten. Es sind Maßnahmen zu ergreifen, um ihre Strahlenexposition zu beschränken. § 25 Absatz 4, § 35 Absatz 1 Satz 1 und Absatz 9 Satz 1 gelten für Tierbegleitpersonen entsprechend.

-

§ 30 Berechtigte Personen in sonstigen Fällen

In anderen Fällen als zur Anwendung am Menschen oder in der Tierheilkunde dürfen nur solche Personen Röntgenstrahlung anwenden oder die Anwendung technisch durchführen, die

1.

die erforderliche Fachkunde im Strahlenschutz besitzen oder

2.

auf ihrem Arbeitsgebiet über die für den Anwendungsfall erforderlichen Kenntnisse im Strahlenschutz verfügen, wenn sie unter Aufsicht und Verantwortung einer Person nach Nummer 1 tätig werden.
Satz 1 gilt nicht für den Betrieb eines Vollschutzgerätes nach § 2 Nummer

25.

Unterabschnitt 4
Vorschriften über die Strahlenexposition

-

§ 31 Kategorien beruflich strahlenexponierter Personen

Personen, die einer beruflichen Strahlenexposition durch Tätigkeiten nach dieser Verordnung ausgesetzt sind, sind zum Zweck der Kontrolle und arbeitsmedizinischen Vorsorge folgenden Kategorien zugeordnet:

1.
   Beruflich strahlenexponierte Personen der Kategorie A:
   Personen, die einer beruflichen Strahlenexposition ausgesetzt sind, die im Kalenderjahr zu einer effektiven Dosis von mehr als 6 Millisievert oder einer höheren Organdosis als 45 Millisievert für die Augenlinse oder 150 Millisievert für die Haut, die Hände, die Unterarme, die Füße und Knöchel führen kann.

2.
   Beruflich strahlenexponierte Personen der Kategorie B:
   Personen, die einer beruflichen Strahlenexposition ausgesetzt sind, die im Kalenderjahr zu einer effektiven Dosis von mehr als 1 Millisievert oder einer höheren Organdosis als 15 Millisievert für die Augenlinse oder 50 Millisievert für die Haut, die Hände, die Unterarme, die Füße und Knöchel führen kann, ohne in die Kategorie A zu fallen.

-

§ 31a Dosisgrenzwerte bei beruflicher Strahlenexposition

(1) Für beruflich strahlenexponierte Personen darf die effektive Dosis den Grenzwert von 20 Millisievert im Kalenderjahr nicht überschreiten. Die zuständige Behörde kann im Einzelfall für ein einzelnes Jahr eine effektive Dosis von 50 Millisievert zulassen, wobei für fünf aufeinander folgende Jahre 100 Millisievert nicht überschritten werden dürfen.

(2) Für beruflich strahlenexponierte Personen darf die Organdosis

1.
   für die Augenlinse den Grenzwert von 150 Millisievert,

2.
   für die Haut, die Hände, die Unterarme, die Füße und Knöchel jeweils den Grenzwert von 500 Millisievert,

3.
   für die Keimdrüsen, die Gebärmutter und das Knochenmark (rot)
   jeweils den Grenzwert von 50 Millisievert,
4.
   für die Schilddrüse und die Knochenoberfläche jeweils den Grenzwert
   von 300 Millisievert,
5.
   für den Dickdarm, die Lunge, den Magen, die Blase, die Brust, die
   Leber, die Speiseröhre, andere Organe oder Gewebe gemäß Anlage 3
   Fußnote 1, soweit nicht unter Nummer 3 genannt, jeweils den
   Grenzwert von 150 Millisievert
im Kalenderjahr nicht überschreiten.
(3) Für Personen unter 18 Jahren darf die effektive Dosis den Grenzwert von
1 Millisievert im Kalenderjahr nicht überschreiten. Die Organdosis für die
Augenlinse darf den Grenzwert von 15 Millisievert, für die Haut, die Hände,
die Unterarme, die Füße und Knöchel jeweils den Grenzwert von 50
Millisievert im Kalenderjahr nicht überschreiten. Abweichend von den Sätzen
1 und 2 kann die zuständige Behörde für Auszubildende und Studierende im
Alter zwischen 16 und 18 Jahren festlegen, dass die effektive Dosis den
Grenzwert von 6 Millisievert, die Organdosis der Augenlinse den Grenzwert
von 45 Millisievert und die Organdosis der Haut, der Hände, der Unterarme,
der Füße und Knöchel jeweils den Grenzwert von 150 Millisievert im
Kalenderjahr nicht überschreiten darf, wenn dies zur Erreichung des
Ausbildungszieles notwendig ist.
(4) Bei gebärfähigen Frauen darf die über einen Monat kumulierte Dosis der
Gebärmutter den Grenzwert von 2 Millisievert nicht überschreiten. Für ein
ungeborenes Kind, das auf Grund der Beschäftigung der Mutter einer
Strahlenexposition ausgesetzt ist, darf die Äquivalentdosis vom Zeitpunkt
der Mitteilung der Schwangerschaft bis zu deren Ende den Grenzwert von 1
Millisievert nicht überschreiten. Als Äquivalentdosis des ungeborenen Kindes
gilt die Organdosis der Gebärmutter der schwangeren Frau.
(5) Bei der Ermittlung der Körperdosis ist die berufliche Strahlenexposition
aus dem Anwendungsbereich der Strahlenschutzverordnung sowie die
berufliche Strahlenexposition, die außerhalb des räumlichen
Geltungsbereiches dieser Verordnung erfolgt, einzubeziehen. Die natürliche
Strahlenexposition, die medizinische Strahlenexposition und die Exposition
als helfende Person oder Tierbegleitperson sind nicht zu berücksichtigen.

-

§ 31b Berufslebensdosis

Die Summe der in allen Kalenderjahren ermittelten effektiven Dosen beruflich strahlenexponierter Personen darf den Grenzwert von 400 Millisievert nicht überschreiten. Die zuständige Behörde kann im Benehmen mit dem Arzt nach § 41 Abs. 1 Satz 1 eine weitere berufliche Strahlenexposition zulassen, wenn diese 10 Millisievert effektive Dosis im Kalenderjahr nicht überschreitet und die beruflich strahlenexponierte Person schriftlich einwilligt.

-

§ 31c Dosisbegrenzung bei Überschreitung

Wurde unter Verstoß gegen § 31a Abs. 1 oder 2 ein Grenzwert im Kalenderjahr überschritten, so ist eine Weiterbeschäftigung als beruflich strahlenexponierte Person nur zulässig, wenn die Expositionen in den folgenden vier Kalenderjahren unter Berücksichtigung der erfolgten Grenzwertüberschreitung so begrenzt werden, dass die Summe der Dosen das Fünffache des jeweiligen Grenzwertes nicht überschreitet. Ist die Überschreitung eines Grenzwertes so hoch, dass bei Anwendung von Satz 1 die bisherige Beschäftigung nicht fortgesetzt werden kann, kann die zuständige Behörde im Benehmen mit einem Arzt nach § 41 Abs. 1 Satz 1 Ausnahmen von Satz 1 zulassen.

-

§ 32 Begrenzung der Strahlenexposition der Bevölkerung

(1) Für Einzelpersonen der Bevölkerung darf die effektive Dosis den Grenzwert von 1 Millisievert im Kalenderjahr nicht überschreiten.
(2) Unbeschadet des Absatzes 1 darf die Organdosis für die Augenlinse den Grenzwert von 15 Millisievert im Kalenderjahr und die Organdosis für die Haut den Grenzwert von 50 Millisievert im Kalenderjahr nicht überschreiten.

-

§ 33 Anordnung von Maßnahmen und behördliche Ausnahmen

(1) Die zuständige Behörde kann auch nachträglich anordnen, dass

1.

die Wirksamkeit der dem Strahlenschutz dienenden Ausrüstungen einer Röntgeneinrichtung oder eines Störstrahlers nach § 5 Abs. 1 sowie

2.

die Konstanz der Messgrößen zur Beschreibung der Bildqualität und Höhe der Strahlenexposition einer Röntgeneinrichtung zur Untersuchung von Menschen

durch eine von ihr bestimmte Stelle geprüft und dass die Prüfung in bestimmten Abständen wiederholt wird.

(2) Die zuständige Behörde kann nachträglich diejenigen Schutzmaßnahmen anordnen, die

1.

nach dem Stand der Technik oder dem Stand der Heilkunde oder Zahnheilkunde zum Schutz von Leben, Gesundheit oder Sachgütern einzelner oder der Allgemeinheit vor Gefahren durch den Betrieb einer Röntgeneinrichtung oder eines Störstrahlers nach § 5 Abs. 1 oder

2.

zur Durchführung der §§ 13 bis 32 und 34 bis 42 erforderlich sind.

(3) Soweit eine Anordnung nach Absatz 1 oder 2 nicht die Beseitigung einer dringenden Gefahr für Leben, Gesundheit oder bedeutende Sachgüter bezweckt, ist für die Ausführung eine angemessene Frist zu setzen.

(4) Die Anordnung ist an den Strahlenschutzverantwortlichen zu richten. Sie kann in dringenden Fällen auch an einen Strahlenschutzbeauftragten gerichtet werden. Dieser hat den Strahlenschutzverantwortlichen von der Anordnung unverzüglich zu unterrichten.

(5) Beim Betrieb einer ortsveränderlichen Röntgeneinrichtung oder eines ortsveränderlichen Störstrahlers nach § 5 Abs. 1 kann die Anordnung auch an denjenigen gerichtet werden, in dessen Verfügungsbereich der Betrieb stattfindet. Dieser hat die erforderlichen Schutzmaßnahmen zu treffen und den von ihm beauftragten Strahlenschutzverantwortlichen auf die Einhaltung der Schutzmaßnahmen hinzuweisen.

(6) Die zuständige Behörde kann im Einzelfall gestatten, dass von den Vorschriften der §§ 15a bis 18, 19 bis 32 und 34 bis 41 mit Ausnahme der Dosisgrenzwertregelungen abgewichen wird, wenn

1.

eine Röntgeneinrichtung, ein Störstrahler oder eine Tätigkeit erprobt werden soll oder die Einhaltung der Anforderungen einen unverhältnismäßig großen Aufwand erfordern würde, sofern in beiden Fällen die Sicherheit der Röntgeneinrichtung, des Störstrahlers oder der Tätigkeit sowie der Strahlenschutz auf andere Weise gewährleistet sind, oder

2.

die Sicherheit der Röntgeneinrichtung, des Störstrahlers oder der Tätigkeit durch die Abweichung nicht beeinträchtigt werden und der Strahlenschutz gewährleistet ist.

§ 34 Messung von Ortsdosis, Ortsdosisleistung und Personendosis

(1) Soweit es aus Gründen des Strahlenschutzes erforderlich ist, ist die Ortsdosis oder Ortsdosisleistung im Kontrollbereich und im Überwachungsbereich einer Röntgeneinrichtung oder eines Störstrahlers nach § 5 Abs. 1 zu messen. In begründeten Ausnahmefällen kann die zuständige Behörde eine Stelle bestimmen, die die Messung vorzunehmen hat.

(2) Zeitpunkt und Ergebnis der Messungen nach Absatz 1 sind aufzuzeichnen. Die Aufzeichnungen sind nach Abschluss der Aufzeichnung 30 Jahre lang aufzubewahren und der zuständigen Behörde auf Verlangen vorzulegen. Bei Beendigung des Betriebes der Röntgeneinrichtung oder des Störstrahlers nach § 5 Abs. 1 sind sie bei der von der zuständigen Behörde bestimmten Stelle zu hinterlegen.

(3) Messgeräte für Röntgenstrahlung der in § 1 Absatz 1 Nummer 13 der Mess- und Eichverordnung bezeichneten Art müssen dem Mess- und Eichgesetz entsprechen, wenn sie für nachfolgende Zwecke verwendet werden:

1.
für die physikalische Strahlenschutzkontrolle mittels Messung
a)
der Personendosis nach § 35 Absatz 4 Satz 1, Absatz 6 Satz 1 oder Absatz 8 Nummer 3 oder
b)
der Ortsdosis oder Ortsdosisleistung nach § 34 Absatz 1 Satz 1 oder § 35 Absatz 8 Nummer 1,

2.
für Messungen zur Abgrenzung von Strahlenschutzbereichen oder zur Festlegung von Aufenthaltszeiten von Personen in Strahlenschutzbereichen oder

3.
für Messungen nach den §§ 3, 4 und 16 Absatz 2.

Zur Messung der Personendosis, der Ortsdosis und der Ortsdosisleistung sind, sofern nicht nach Satz 1 Nummer 1 Messgeräte nach dem Mess- und Eichgesetz vorgeschrieben sind, andere geeignete Strahlungsmessgeräte zu verwenden. Es ist dafür zu sorgen, dass die Strahlungsmessgeräte nach den Sätzen 1 und 2

1.

2. den Anforderungen des Messzwecks genügen,

3. in ausreichender Zahl vorhanden sind und

regelmäßig auf ihre Funktionstüchtigkeit geprüft und gewartet werden. (4) Der Zeitpunkt und das Ergebnis der Funktionsprüfung und Wartung nach Absatz 3 Satz 3 Nummer 3 sind aufzuzeichnen. Die Aufzeichnungen sind zehn Jahre ab dem Zeitpunkt der Funktionsprüfung oder Wartung aufzubewahren und der zuständigen Behörde auf Verlangen vorzulegen oder bei einer von ihr zu bestimmenden Stelle zu hinterlegen.

-

§ 35 Zu überwachende Personen und Ermittlung der Körperdosis

(1) An Personen, die sich aus anderen Gründen als zu ihrer ärztlichen oder zahnärztlichen Untersuchung oder Behandlung im Kontrollbereich aufhalten, ist unverzüglich die Körperdosis zu ermitteln. Ist beim Aufenthalt von Personen im Kontrollbereich sichergestellt, dass im Kalenderjahr eine effektive Dosis von 1 Millisievert oder höhere Organdosen als ein Zehntel der Organdosisgrenzwerte des § 31a Abs. 2 nicht erreicht werden können, so kann die zuständige Behörde Ausnahmen von Satz 1 zulassen. Die in Satz 1 genannten Personen haben die erforderlichen Messungen zu dulden.
(2) Wer eine Anzeige nach § 6 Abs. 1 Nr. 3 zu erstatten hat, hat dafür zu sorgen, dass die unter seiner Aufsicht stehenden Personen in Kontrollbereichen nur beschäftigt werden, wenn jede einzelne beruflich strahlenexponierte Person im Besitz eines vollständig geführten, bei der zuständigen Behörde registrierten Strahlenpasses ist. Wenn er selbst in Kontrollbereichen tätig wird, gilt Satz 1 entsprechend. Die zuständige Behörde kann Aufzeichnungen über die Strahlenexposition, die außerhalb des Geltungsbereiches dieser Verordnung ausgestellt worden sind, als ausreichend im Sinne von Satz 1 anerkennen, wenn diese dem Strahlenpass entsprechen. Die Bundesregierung erlässt mit Zustimmung des Bundesrates allgemeine Verwaltungsvorschriften über Inhalt, Form, Führung und Registrierung des Strahlenpasses.
(3) Beruflich strahlenexponierten Personen nach Absatz 2 darf eine Beschäftigung im Kontrollbereich nur erlaubt werden, wenn diese den Strahlenpass nach Absatz 2 Satz 1 vorlegen und ein Dosimeter nach Absatz 4 Satz 3 tragen.
(4) Die Körperdosis ist durch Messung der Personendosis zu ermitteln. Die zuständige Behörde bestimmt Messstellen für Messungen nach Satz 1. Die Personendosis ist zu messen mit

1.

    einem Dosimeter, das bei einer nach Absatz 4 Satz 2 bestimmten Messstelle anzufordern ist, oder

2.

    einem Dosimeter, dessen Messwert in der Einrichtung der zu überwachenden Person ausgewertet wird und dessen Verwendung nach Zustimmung einer nach Absatz 4 Satz 2 bestimmten Messstelle von der zuständigen Behörde gestattet wurde.

Die Anzeige dieses Dosimeters gilt als Maß für die effektive Dosis, sofern die Körperdosis für einzelne Körperteile, Organe oder Gewebe nicht genauer ermittelt worden ist. Wenn auf Grund der Messung der Personendosis oder sonstiger Tatsachen der Verdacht besteht, dass die Dosisgrenzwerte des § 31a überschritten werden, so ist die Körperdosis unter Berücksichtigung der Expositionsbedingungen zu ermitteln.

(5) Die Dosimeter sind an einer für die Strahlenexposition als repräsentativ geltenden Stelle der Körperoberfläche, in der Regel an der Vorderseite des Rumpfes, zu tragen. Ist vorauszusehen, dass im Kalenderjahr die Organdosis für die Hände, die Unterarme, die Füße und Knöchel oder die Haut größer ist als 150 Millisievert oder die Organdosis der Augenlinse größer ist als 45 Millisievert, so ist die Personendosis durch weitere Dosimeter auch an diesen Körperteilen festzustellen.

(6) Der zu überwachenden Person ist auf ihr Verlangen ein Dosimeter zur Verfügung zu stellen, mit dem die Personendosis jederzeit festgestellt werden kann. Sobald eine Frau ihren Arbeitgeber darüber informiert hat, dass sie schwanger ist, ist ihre berufliche Strahlenexposition arbeitswöchentlich zu ermitteln und ihr mitzuteilen.

(7) Die Dosimeter nach Absatz 4 Satz 3 und Absatz 5 Satz 2 sind der Messstelle jeweils nach Ablauf eines Monats unverzüglich einzureichen oder es sind im Fall des Absatzes 4 Satz 3 Nummer 2 deren Messwerte der Messstelle zur Prüfung und Feststellung bereitzustellen; hierbei sind die jeweiligen Personendaten (Familienname, Vornamen, Geburtsdatum und -ort, Geschlecht), bei Strahlenpassinhabern nach Absatz 2 Satz 1 und 2 die Registriernummer des Strahlenpasses sowie die Beschäftigungsmerkmale und die Expositionsverhältnisse mitzuteilen. Die zuständige Behörde kann

1.

    gestatten, dass Dosimeter in Zeitabständen bis zu drei Monaten der Messstelle einzureichen sind, oder

2.

    anordnen, dass die Dosimeter der Messstelle in Zeitabständen von weniger als einem Monat einzureichen sind, wenn nach der Art des Betriebes der Röntgeneinrichtung oder des Störstrahlers nach § 5

Absatz 1 eine besondere Gefährdung möglich erscheint.
Die Messstelle nach Absatz 4 Satz 2 hat Personendosimeter bereitzustellen
oder im Fall des Absatzes 4 Satz 3 Nummer 2 der Verwendung
zuzustimmen, die Personendosis festzustellen, die Messergebnisse
aufzuzeichnen und demjenigen, der die Messung veranlasst hat, schriftlich
mitzuteilen. Sie hat ihre Aufzeichnungen fünf Jahre lang nach der jeweiligen
Feststellung aufzubewahren. Die Messstelle hat der zuständigen Behörde
auf Verlangen die Ergebnisse ihrer Feststellungen einschließlich der
Angaben nach Satz 1 mitzuteilen.
(8) Die zuständige Behörde kann

1.

anordnen, dass abweichend von Absatz 4 Satz 1 oder Absatz 5 Satz 2
zur Ermittlung der Körperdosis zusätzlich oder allein die Ortsdosis oder
die Ortsdosisleistung gemessen wird, wenn dies nach den
Expositionsbedingungen erforderlich erscheint,

2.

bei unterbliebener oder fehlerhafter Messung eine Ersatzdosis
festlegen,

3.

anordnen, dass die Personendosis nach einem anderen oder nach zwei
voneinander unabhängigen Verfahren gemessen wird und

4.

anordnen, dass bei Personen, die sich im Überwachungsbereich
aufhalten, die Körperdosis ermittelt wird.

(9) Die Ergebnisse der Ermittlungen und Messungen nach den Absätzen 1
bis 6 und 8 sind unverzüglich aufzuzeichnen. Die Aufzeichnungen sind so
lange aufzubewahren, bis die überwachte Person das 75. Lebensjahr
vollendet hat oder vollendet hätte, mindestens jedoch 30 Jahre nach
Beendigung der jeweiligen Beschäftigung. Sie sind spätestens 100 Jahre
nach der Geburt der betroffenen Person zu löschen. Sie sind auf Verlangen
der zuständigen Behörde vorzulegen oder bei einer von dieser bestimmten
Stelle zu hinterlegen. § 28 Abs. 4 gilt entsprechend. Bei einem Wechsel des
Beschäftigungsverhältnisses sind die Ermittlungsergebnisse dem neuen
Arbeitgeber auf Verlangen mitzuteilen, falls weiterhin eine Beschäftigung als
beruflich strahlenexponierte Person ausgeübt wird. Aufzeichnungen, die
infolge Beendigung der Beschäftigung als beruflich strahlenexponierte
Person nicht mehr benötigt werden, sind der nach Landesrecht zuständigen
Stelle zu übergeben. Einer beruflich strahlenexponierten Person ist auf
Verlangen die im Beschäftigungsverhältnis erhaltene berufliche
Strahlenexposition schriftlich mitzuteilen, sofern nicht bereits ein
Strahlenpass nach Absatz 2 Satz 1 geführt wird.

(10) Die Messstellen nach Absatz 4 Satz 2 nehmen an Maßnahmen zur Qualitätssicherung teil, die von der Physikalisch-Technischen Bundesanstalt durchgeführt werden.

(11) Überschreitungen der Grenzwerte nach § 31a Abs. 1 bis 4 sind der zuständigen Behörde unter Angabe der Gründe, der betroffenen Person und der ermittelten Körperdosen unverzüglich mitzuteilen. Der betroffenen Person ist unverzüglich die Körperdosis mitzuteilen.

(12) Die Qualität der Messungen nach Absatz 4 Satz 3 Nummer 2 ist durch regelmäßige interne Prüfungen sicherzustellen. Die Ergebnisse der Prüfungen sind der zuständigen Behörde auf Verlangen mitzuteilen.

-

§ 35a Strahlenschutzregister

(1) In das Strahlenschutzregister nach § 12c des Atomgesetzes werden eingetragen:

1.
   die infolge einer beruflichen Strahlenexposition nach § 35 Abs. 7 Satz 4 ermittelten Dosiswerte sowie dazugehörige Feststellungen der zuständigen Behörde,

2.
   Angaben über registrierte Strahlenpässe nach § 35 Abs. 2 Satz 1 oder 2,

3.
   die jeweiligen Personendaten (Familienname, Vornamen, Geburtsdatum und -ort, Geschlecht), Beschäftigungsmerkmale und Expositionsverhältnisse sowie die Anschrift des Strahlenschutzverantwortlichen.

(2) Zur Eintragung in das Strahlenschutzregister übermitteln jeweils die Daten nach Absatz 1

1.
   die Messstellen nach § 35 Abs. 4 Satz 2 binnen Monatsfrist,

2.
   die zuständige Behörde ihre Feststellungen sowie Angaben über registrierte Strahlenpässe unverzüglich,

soweit neue oder geänderte Daten vorliegen. Die zuständige Behörde kann anordnen, dass eine Messstelle bei ihr aufgezeichnete Feststellungen zu einer früher erhaltenen Körperdosis zur Eintragung in das Strahlenschutzregister übermittelt; sie kann von ihr angeforderte Aufzeichnungen des Strahlenschutzverantwortlichen oder des

Strahlenschutzbeauftragten über Ergebnisse von Messungen und Ermittlungen zur Körperdosis zur Eintragung in das Strahlenschutzregister weiterleiten.

(3) Das Bundesamt für Strahlenschutz fasst die übermittelten Daten im Strahlenschutzregister personenbezogen zusammen, wertet sie aus und unterrichtet die zuständige Behörde, wenn es dies im Hinblick auf die Ergebnisse der Auswertung für erforderlich hält.

(4) Auskünfte aus dem Strahlenschutzregister werden erteilt, soweit dies für die Wahrnehmung der Aufgaben des Empfängers erforderlich ist:

1.

einer zuständigen Behörde oder einer Messstelle auf Anfrage; die zuständige Behörde kann Auskünfte aus dem Strahlenschutzregister an den Strahlenschutzverantwortlichen über bei ihm tätige Personen betreffende Daten, an dessen Strahlenschutzbeauftragten sowie an den zuständigen Arzt nach § 41 Abs. 1 Satz 1 weitergeben, soweit dies zu deren Aufgabenwahrnehmung erforderlich ist,

2.

einem Strahlenschutzverantwortlichen über bei ihm tätige Personen betreffende Daten auf Antrag,

3.

einem Träger der gesetzlichen Unfallversicherung über bei ihm versicherte Personen betreffende Daten auf Antrag.

Dem Betroffenen werden Auskünfte aus dem Strahlenschutzregister über die zu seiner Person gespeicherten Daten auf Antrag erteilt.

(5) Hochschulen, anderen Einrichtungen, die wissenschaftliche Forschung betreiben, und öffentlichen Stellen dürfen auf Antrag Auskünfte erteilt werden, soweit dies für die Durchführung bestimmter wissenschaftlicher Forschungsarbeiten im Bereich des Strahlenschutzes erforderlich ist und § 12c Abs. 3 des Atomgesetzes nicht entgegensteht. Wird eine Auskunft über personenbezogene Daten beantragt, so ist eine schriftliche Einwilligung des Betroffenen beizufügen. Soll die Auskunft ohne Einwilligung des Betroffenen erfolgen, sind die für die Prüfung der Voraussetzungen nach § 12c Abs. 3 Satz 2 des Atomgesetzes erforderlichen Angaben zu machen; zu § 12c Abs. 3 Satz 3 des Atomgesetzes ist glaubhaft zu machen, dass der Zweck der wissenschaftlichen Forschung bei Verwendung anonymisierter Daten nicht mit vertretbarem Aufwand erreicht werden kann. Personenbezogene Daten dürfen nur für die Forschungsarbeit verwendet werden, für die sie übermittelt worden sind; die Verwendung für andere Forschungsarbeiten oder die Weitergabe richtet sich nach den Sätzen 2 und 3 und bedarf der Zustimmung des Bundesamtes für Strahlenschutz.

(6) Die im Strahlenschutzregister gespeicherten personenbezogenen Daten

sind 100 Jahre nach der Geburt der betroffenen Person zu löschen.

(7) Die Messstellen oder die zuständigen Behörden beginnen mit der Übermittlung zu dem Zeitpunkt, den das Bundesamt für Strahlenschutz bestimmt. Das Bundesamt für Strahlenschutz bestimmt das Datenformat und das Verfahren der Übermittlung.

§ 36 Unterweisung

(1) Personen, denen nach § 22 Abs. 1 Nr. 2 Buchstabe a und c der Zutritt zum Kontrollbereich gestattet wird, sind vor dem erstmaligen Zutritt über die Arbeitsmethoden, die möglichen Gefahren, die anzuwendenden Sicherheits- und Schutzmaßnahmen und den für ihre Beschäftigung oder ihre Anwesenheit wesentlichen Inhalt dieser Verordnung, der Genehmigung oder Anzeige und der Strahlenschutzanweisung zu unterweisen. Satz 1 gilt entsprechend auch für Personen, die außerhalb des Kontrollbereichs Röntgenstrahlung anwenden, soweit diese Tätigkeit der Genehmigung oder der Anzeige bedarf. Die Unterweisung ist mindestens einmal im Jahr zu wiederholen. Sie kann Bestandteil sonstiger erforderlicher Unterweisungen nach immissionsschutz- oder arbeitsschutzrechtlichen Vorschriften sein.

(2) Andere Personen, denen der Zutritt zu Kontrollbereichen gestattet wird, sind vorher über die möglichen Gefahren und ihre Vermeidung zu unterweisen.

(3) Frauen sind im Rahmen der Unterweisungen nach Absatz 1 oder 2 darauf hinzuweisen, dass eine Schwangerschaft im Hinblick auf die Risiken einer Strahlenexposition für das ungeborene Kind so früh wie möglich mitzuteilen ist.

(4) Über den Inhalt und den Zeitpunkt der Unterweisung nach Absatz 1 oder 2 sind Aufzeichnungen zu führen, die von der unterwiesenen Person zu unterzeichnen sind. Die Aufzeichnungen sind in den Fällen des Absatzes 1 fünf Jahre, in denen des Absatzes 2 ein Jahr lang nach der Unterweisung aufzubewahren und der zuständigen Behörde auf Verlangen vorzulegen.

Abschnitt 4
Arbeitsmedizinische Vorsorge

§ 37 Erfordernis der arbeitsmedizinischen Vorsorge

(1) Eine beruflich strahlenexponierte Person der Kategorie A darf im Kontrollbereich Aufgaben nur wahrnehmen, wenn sie innerhalb eines Jahres

vor Beginn der Aufgabenwahrnehmung von einem Arzt nach § 41 Abs. 1 Satz 1 untersucht worden ist und dem Strahlenschutzverantwortlichen eine von diesem Arzt ausgestellte Bescheinigung vorliegt, nach der der Aufgabenwahrnehmung keine gesundheitlichen Bedenken entgegenstehen.

(2) Eine beruflich strahlenexponierte Person der Kategorie A darf nach Ablauf eines Jahres seit der letzten Beurteilung oder Untersuchung im Kontrollbereich Aufgaben nur weiter wahrnehmen, wenn sie von einem Arzt nach § 41 Abs. 1 Satz 1 erneut untersucht oder beurteilt worden ist und dem Strahlenschutzverantwortlichen eine von diesem Arzt ausgestellte Bescheinigung vorliegt, dass gegen die weitere Aufgabenwahrnehmung keine gesundheitlichen Bedenken bestehen. Wurde in einem Jahr eine Beurteilung ohne Untersuchung durchgeführt, so ist die Person im folgenden Jahr zu untersuchen.

(3) Die zuständige Behörde kann auf Vorschlag des Arztes nach § 41 Abs. 1 Satz 1 die in Absatz 2 genannte Frist abkürzen, wenn die Arbeitsbedingungen oder der Gesundheitszustand der beruflich strahlenexponierten Person dies erfordern.

(4) Die zuständige Behörde kann unter entsprechender Anwendung der Absätze 1 und 2 für eine beruflich strahlenexponierte Person der Kategorie B Maßnahmen der arbeitsmedizinischen Vorsorge anordnen.

(5) Die zuständige Behörde kann anordnen, dass die in § 31a Abs. 3 genannten nicht beruflich strahlenexponierten Personen sich von einem Arzt nach § 41 Abs. 1 Satz 1 untersuchen lassen.

(5a) Nach Beendigung der Aufgabenwahrnehmung ist dafür zu sorgen, dass die arbeitsmedizinische Vorsorge mit Einwilligung der betroffenen Person so lange fortgesetzt wird, wie es der Arzt nach § 41 Absatz 1 Satz 1 zum Schutz der beruflich strahlenexponierten Person für erforderlich erachtet (nachgehende Untersuchung). Satz 1 gilt auch im Fall der besonderen arbeitsmedizinischen Vorsorge nach § 40 Absatz 1. Die Verpflichtung zum Angebot nachgehender Untersuchungen besteht nicht mehr, wenn der zuständige gesetzliche Unfallversicherungsträger die nachgehende Untersuchung mit Einwilligung der betroffenen Person nach Beendigung des Beschäftigungsverhältnisses veranlasst. Voraussetzung hierfür ist, dass dem Unfallversicherungsträger die erforderlichen Unterlagen in Kopie überlassen werden; hierauf ist der Betroffene vor Abgabe der Einwilligung schriftlich hinzuweisen.

(6) Personen, die nach den Absätzen 1 bis 5 der arbeitsmedizinischen Vorsorge unterliegen, haben die erforderlichen ärztlichen Untersuchungen zu dulden.

-

§ 38 Ärztliche Bescheinigung

(1) Der Arzt nach § 41 Abs. 1 Satz 1 muss zur Erteilung der ärztlichen Bescheinigung die bei der arbeitsmedizinischen Vorsorge von anderen Ärzten nach § 41 Abs. 1 Satz 1 angelegten Gesundheitsakten anfordern, soweit diese für die Beurteilung erforderlich sind, sowie die bisher erteilten ärztlichen Bescheinigungen, die behördlichen Entscheidungen nach § 39 und die diesen zu Grunde liegenden Gutachten. Die angeforderten Unterlagen sind dem Arzt nach § 41 Abs. 1 Satz 1 unverzüglich zu übergeben. Die ärztliche Bescheinigung ist auf dem Formblatt nach Anlage 4 zu erteilen.

(2) Der Arzt nach § 41 Abs. 1 Satz 1 kann die Erteilung der ärztlichen Bescheinigung davon abhängig machen, dass ihm

1.
   die Art der Aufgaben der beruflich strahlenexponierten Person und die mit diesen Aufgaben verbundenen Arbeitsbedingungen,

2.
   jeder Wechsel der Art der Aufgaben und der mit diesen verbundenen Arbeitsbedingungen,

3.
   die Ergebnisse der Körperdosisermittlungen und

4.
   der Inhalt der letzten ärztlichen Bescheinigung, soweit sie nicht von ihm ausgestellt wurde,

schriftlich mitgeteilt werden. Die der arbeitsmedizinischen Vorsorge unterliegende Person kann eine Abschrift der Mitteilungen nach Satz 1 verlangen.

(3) Der Arzt nach § 41 Abs. 1 Satz 1 hat die ärztliche Bescheinigung dem Strahlenschutzverantwortlichen, der beruflich strahlenexponierten Person und, soweit gesundheitliche Bedenken bestehen, auch der zuständigen Behörde unverzüglich zu übersenden. Während der Dauer der Wahrnehmung von Aufgaben als beruflich strahlenexponierte Person ist die ärztliche Bescheinigung aufzubewahren und der zuständigen Behörde auf Verlangen vorzulegen. Die Übersendung an die beruflich strahlenexponierte Person kann durch Eintragung des Inhalts der Bescheinigung in den Strahlenpass ersetzt werden.

(4) Die ärztliche Bescheinigung kann durch die Entscheidung der zuständigen Behörde nach § 39 ersetzt werden.

-

§ 39 Behördliche Entscheidung

(1) Hält der Strahlenschutzverantwortliche oder die beruflich strahlenexponierte Person die vom Arzt nach § 41 Abs. 1 Satz 1 in der Bescheinigung nach § 38 getroffene Beurteilung für unzutreffend, so kann die Entscheidung der zuständigen Behörde beantragt werden.
(2) Die zuständige Behörde kann vor ihrer Entscheidung das Gutachten eines Arztes einholen, der über die für arbeitsmedizinische Vorsorge strahlenexponierter Personen erforderliche Fachkunde im Strahlenschutz verfügt. Die Kosten des ärztlichen Gutachtens sind vom Strahlenschutzverantwortlichen zu tragen.

-

§ 40 Besondere arbeitsmedizinische Vorsorge

(1) Ist nicht auszuschließen, dass eine Person auf Grund außergewöhnlicher Umstände eine Strahlenexposition erhalten hat, die im Kalenderjahr die effektive Dosis von 50 Millisievert oder die Organdosis von 150 Millisievert für die Augenlinse oder von 500 Millisievert für die Haut, die Hände, die Unterarme, die Füße oder Knöchel überschreitet, so ist dafür zu sorgen, dass sie unverzüglich einem Arzt nach § 41 Abs. 1 Satz 1 vorgestellt und der zuständigen Behörde der Sachverhalt unverzüglich mitgeteilt wird.
(2) Ist nach dem Ergebnis der besonderen arbeitsmedizinischen Vorsorge nach Absatz 1 zu besorgen, dass die Gesundheit der beruflich strahlenexponierten Person gefährdet wird, wenn sie erneut eine Aufgabe als beruflich strahlenexponierte Person wahrnimmt oder die Wahrnehmung der bisherigen Aufgabe fortsetzt, so kann die zuständige Behörde anordnen, dass sie diese Aufgabe nicht, nicht mehr oder nur unter Beschränkungen ausüben darf.
(3) (weggefallen)
(4) Personen, die der besonderen arbeitsmedizinischen Vorsorge nach Absatz 1 unterliegen, haben die erforderlichen ärztlichen Untersuchungen zu dulden.
(5) Für die Ergebnisse der besonderen arbeitsmedizinischen Vorsorge nach Absatz 1 gilt § 39 entsprechend.

-

§ 41 Ermächtigte Ärzte

(1) Die zuständige Behörde ermächtigt Ärzte zur Durchführung der arbeitsmedizinischen Vorsorge nach den §§ 37, 38 und 40. Die Ermächtigung darf nur einem Arzt erteilt werden, der die für die

arbeitsmedizinische Vorsorge beruflich strahlenexponierter Personen erforderliche Fachkunde im Strahlenschutz nachweist.

(2) Der Arzt nach Absatz 1 Satz 1 hat die Aufgabe, die arbeitsmedizinische Vorsorge nach den §§ 37, 38 und 40 durchzuführen sowie die Maßnahmen vorzuschlagen, die bei erhöhter Strahlenexposition zur Vorbeugung vor gesundheitlichen Schäden und zu ihrer Abwehr erforderlich sind. Personen, die an Arbeitsplätzen beschäftigt sind, an denen die Augenlinse besonders belastet wird, sind daraufhin zu untersuchen, ob sich eine Katarakt gebildet hat.

(3) Der Arzt nach Absatz 1 Satz 1 ist verpflichtet, für jede beruflich strahlenexponierte Person, die der arbeitsmedizinischen Vorsorge unterliegt, eine Gesundheitsakte nach Maßgabe des Satzes 2 zu führen. Diese Gesundheitsakte hat Angaben über die Arbeitsbedingungen, die Ergebnisse der arbeitsmedizinischen Vorsorge nach § 37 Abs. 1, 2 oder 4, die ärztliche Bescheinigung nach § 38 Abs. 1 Satz 3, die Ergebnisse der besonderen arbeitsmedizinischen Vorsorge nach § 40 Abs. 2, die Maßnahmen nach § 37 Abs. 3 oder § 39 Abs. 1, das Gutachten nach § 39 Abs. 2 sowie die durch die Wahrnehmung von Aufgaben als beruflich strahlenexponierte Person erhaltene Körperdosis zu enthalten. Die Gesundheitsakte ist so lange aufzubewahren, bis die Person das 75. Lebensjahr vollendet hat oder vollendet hätte, mindestens jedoch 30 Jahre nach Beendigung der Wahrnehmung von Aufgaben als beruflich strahlenexponierte Person. Sie ist spätestens 100 Jahre nach der Geburt der betroffenen Person zu vernichten.

(4) Der Arzt nach Absatz 1 Satz 1 ist verpflichtet, die Gesundheitsakte auf Verlangen der zuständigen Behörde einer von dieser benannten Stelle zur Einsicht vorzulegen und bei Beendigung der Ermächtigung zu übergeben. Dabei ist die ärztliche Schweigepflicht zu wahren.

(5) Der Arzt nach Absatz 1 Satz 1 hat der untersuchten Person auf ihr Verlangen Einsicht in ihre Gesundheitsakte zu gewähren.

Abschnitt 5
Außergewöhnliche Ereignisabläufe oder Betriebszustände

-

§ 42 Meldepflicht

(1) Außergewöhnliche Ereignisabläufe oder Betriebszustände beim Betrieb einer Röntgeneinrichtung oder eines Störstrahlers nach § 5 Abs. 1 sind der zuständigen Behörde unverzüglich zu melden, wenn

1.

69

zu besorgen ist, dass eine Person eine Strahlenexposition erhalten haben kann, die die Grenzwerte der Körperdosis nach § 31a Abs. 1 oder 2 übersteigt oder

2.

sie von erheblicher sicherheitstechnischer Bedeutung sind.

(2) Nach Absatz 1 meldepflichtige außergewöhnliche Ereignisabläufe oder Betriebszustände beim Betrieb einer Röntgeneinrichtung, die ein Medizinprodukt oder Zubehör im Sinne des Medizinproduktegesetzes ist, sind zusätzlich unverzüglich dem Bundesinstitut für Arzneimittel und Medizinprodukte zu melden.

Abschnitt 6
Formvorschriften

-

§ 43 Elektronische Kommunikation

(1) Aufzeichnungs-, Buchführungs- und Aufbewahrungspflichten nach dieser Verordnung können elektronisch erfüllt werden. § 28 Absatz 4 bis 6 bleibt unberührt.

(2) Mitteilungs-, Melde- oder Anzeigepflichten können in elektronischer Form erfüllt werden, wenn der Empfänger hierfür einen Zugang eröffnet und das Verfahren und die für die Datenübertragung notwendigen Anforderungen bestimmt. Dabei müssen dem jeweiligen Stand der Technik entsprechende Maßnahmen zur Sicherstellung von Datenschutz und Datensicherheit getroffen werden, die insbesondere die Vertraulichkeit und Unversehrtheit der Daten gewährleisten; bei der Nutzung allgemein zugänglicher Netze sind Verschlüsselungsverfahren anzuwenden. Ist ein übermitteltes elektronisches Dokument für den Empfänger nicht zur Bearbeitung geeignet, teilt er dies dem Absender unter Angabe der für den Empfang geltenden technischen Rahmenbedingungen unverzüglich mit.

(3) Abweichend von § 17 Absatz 1 Satz 1 erster Halbsatz des Atomgesetzes kann eine Genehmigung oder allgemeine Zulassung nach dieser Verordnung auch in elektronischer Form erteilt werden. In diesem Fall ist das elektronische Dokument mit einer dauerhaft überprüfbaren Signatur nach § 37 Absatz 4 des Verwaltungsverfahrensgesetzes zu versehen.

Abschnitt 7
Ordnungswidrigkeiten

-

§ 44 Ordnungswidrigkeiten

Ordnungswidrig im Sinne des § 46 Abs. 1 Nr. 4 des Atomgesetzes handelt, wer vorsätzlich oder fahrlässig

1.

ohne Genehmigung nach

a)

§ 3 Abs. 1 eine Röntgeneinrichtung betreibt oder deren Betrieb verändert,

b)

§ 5 Abs. 1 Satz 1 einen Störstrahler betreibt oder dessen Betrieb verändert oder

c)

§ 28a Abs. 1 Röntgenstrahlung am Menschen zum Zweck der medizinischen Forschung anwendet,

2.

einer vollziehbaren Anordnung nach § 4 Abs. 6, § 5 Abs. 7, §§ 7, 20 Abs. 4 oder § 33 Abs. 1 oder 2 zuwiderhandelt,

3.

entgegen § 5 Abs. 5 einen Störstrahler einem anderen überlässt,

4.

entgegen § 6 Abs. 1 Satz 1 eine Anzeige nicht, nicht richtig oder nicht rechtzeitig erstattet,

5.

entgegen § 9 Satz 1 Nr. 1 oder 2 eine Qualitätskontrolle nicht oder nicht rechtzeitig durchführt oder nicht überwachen lässt,

6.

entgegen § 9 Satz 1 Nr. 3 ein Bauartzeichen oder eine weitere Angabe nicht oder nicht rechtzeitig anbringt,

7.

entgegen § 9 Satz 1 Nr. 4 oder 5, jeweils auch in Verbindung mit § 12 Abs. 1 Satz 2, einen Abdruck des Zulassungsscheins oder eine Betriebsanleitung nicht oder nicht rechtzeitig aushändigt,

8.

entgegen § 12 Abs. 1 Satz 1 einen Abdruck des Zulassungsscheins nicht bereithält,

9.

entgegen § 12 Abs. 3 den Betrieb nicht oder nicht rechtzeitig einstellt,

10.

entgegen § 13 Abs. 2 Satz 1 die erforderliche Anzahl von Strahlenschutzbeauftragten nicht oder nicht in der vorgeschriebenen Weise bestellt,

11.

entgegen § 15 Abs. 1 Nr. 3 als Strahlenschutzverantwortlicher nicht dafür sorgt, dass eine der Vorschriften der § 3 Abs. 8, § 13 Abs. 2 Satz 2 oder Abs. 3 bis 5, § 15a Satz 1, § 16 Abs. 4 Satz 1, § 17 Abs. 3 Satz 1, § 17a Abs. 4 Satz 1 oder § 18 Abs. 1 Satz 3 oder Abs. 4 eingehalten wird,

12.

entgegen § 15 Abs. 1 Nr. 4 oder Abs. 2 Nr. 1 als Strahlenschutzverantwortlicher oder Strahlenschutzbeauftragter nicht dafür sorgt, dass eine der Vorschriften der § 16 Abs. 1 Satz 2, Abs. 2 Satz 1 bis 3 oder 5, Abs. 3 Satz 1 bis 5 oder Abs. 4 Satz 2 oder 3, § 17 Abs. 1 Satz 1 bis 3 oder 5, Abs. 2 Satz 1, 3 oder 4, Abs. 3 Satz 2 oder 3, § 17a Abs. 4 Satz 2 oder 3, § 18 Abs. 1 Satz 1, 2 oder 4, Abs. 2 oder 3 Satz 1, § 19 Abs. 1 Satz 1, Abs. 2, 3 oder Abs. 6 Satz 1, § 20 Abs. 1 oder 2 Satz 2, § 21 Abs. 1 oder 2 Satz 1, § 22 Abs. 1 Satz 1 oder Abs. 2 Satz 2, § 23 Abs. 1 Satz 1, Abs. 2 oder 3, §§ 24, 25 Abs. 1 Satz 1, Abs. 2, 3 oder 5 Satz 2 oder 3, §§ 26, 27 Abs. 1 Satz 1, Abs. 2 oder 3, § 28 Abs. 1 bis 3 Satz 1 oder 2, Abs. 4, 5 Satz 1, Abs. 6 oder 8, § 28c Abs. 1 Satz 2 oder Abs. 2 bis 5, § 28d Abs. 1, 2 Satz 1, Abs. 3 oder 4, §§ 28e, 29 Absatz 1, 2 oder Absatz 4 Satz 1 oder Satz 2, § 30 Satz 1, § 31a Abs. 1 Satz 1, Abs. 2, 3 Satz 1 oder 2, Abs. 4 Satz 1 oder 2 oder Abs. 5 Satz 1, § 31b Satz 1, § 31c Satz 1, §§ 32, 34 Absatz 1 Satz 1, Absatz 2 oder Absatz 4, § 35 Abs. 1 Satz 1, Abs. 2 Satz 1, Abs. 3 oder 4 Satz 1, 3 oder 5, Abs. 5, 6 oder 7 Satz 1, Abs. 9 oder 11, § 36 Abs. 1 Satz 1 oder 2, § 37 Abs. 1 oder 2, § 40 Absatz 1 oder § 42 eingehalten wird,

13.

entgegen § 33 Abs. 4 Satz 3 den Strahlenschutzverantwortlichen nicht oder nicht rechtzeitig unterrichtet,

14.

entgegen § 35 Abs. 1 Satz 3, § 37 Abs. 6 oder § 40 Abs. 4 eine Messung oder eine ärztliche Untersuchung nicht duldet,

15.

entgegen § 38 Abs. 1 Satz 2 eine angeforderte Unterlage nicht oder nicht rechtzeitig übergibt,

16.

entgegen § 38 Abs. 3 Satz 1 eine ärztliche Bescheinigung nicht oder nicht rechtzeitig übersendet,

17.

entgegen § 41 Abs. 3 Satz 1, 3 oder 4 eine Gesundheitsakte nicht, nicht richtig oder nicht vollständig führt, nicht oder nicht für die vorgeschriebene Dauer aufbewahrt oder nicht oder nicht rechtzeitig

18.
vernichtet,

entgegen § 41 Abs. 4 Satz 1 eine Gesundheitsakte nicht oder nicht rechtzeitig vorlegt oder nicht oder nicht rechtzeitig übergibt oder

19.

entgegen § 41 Abs. 5 Einsicht in die Gesundheitsakte nicht oder nicht rechtzeitig gewährt.

Abschnitt 8
Schlussvorschriften

–

§ 45 Übergangsvorschriften

(1) Wer am 1. Juli 2002 eine Röntgeneinrichtung oder einen Störstrahler befugt betreibt, darf die Röntgeneinrichtung oder den Störstrahler mit der Maßgabe weiter betreiben, dass die Grenzwerte des § 31a Abs. 1 bis 4 und § 32 nicht überschritten werden. Für den Betrieb von Röntgeneinrichtungen gilt die Genehmigung nach § 16 der Strahlenschutzverordnung vom 13. Oktober 1976 als Genehmigung nach § 3 und die Anzeige nach § 17 der Strahlenschutzverordnung vom 13. Oktober 1976 als Anzeige nach § 4 fort. § 33 bleibt unberührt.

(2) Wer am 31. Oktober 2011 eine Röntgeneinrichtung im Sinne des § 4 Absatz 4 Nummer 5 auf Grund einer Anzeige nach § 4 Absatz 1 befugt betreibt, darf diesen Betrieb bis zum 1. November 2012 fortsetzen; wenn er vor diesem Tag den Antrag auf Genehmigung gestellt hat, verlängert sich die Frist, bis die Behörde die Entscheidung über den Antrag bekannt gegeben hat. Eine Genehmigung für den Betrieb einer Röntgeneinrichtung im Sinne des § 4 Absatz 4 Nummer 5, die vor dem 1. November 2011 erteilt worden ist, erlischt am 1. November 2016, soweit der Genehmigungsbescheid keine kürzere Befristung vorsieht.

(3) Für eine vor dem 1. Juli 2002 nach § 6 angezeigte Tätigkeit gilt Absatz 1 Satz 1 entsprechend. Der zur Anzeige nach § 6 Abs. 1 Nr. 3 Verpflichtete darf seine Tätigkeit fortsetzen, wenn er spätestens bis zum 1. Oktober 2002 die Anzeige sowie spätestens bis zum 1. Juli 2003 die Nachweise entsprechend § 3 Abs. 2 Nr. 3 und 4 der zuständigen Behörde vorlegt.

(4) Ein Verfahren der Bauartzulassung eines Röntgenstrahlers, Hoch- oder Vollschutzgerätes, das vor dem 1. November 2011 begonnen und bei dem die Bauartprüfung veranlasst worden ist, ist nach Maßgabe der bis dahin geltenden Vorschriften abzuschließen.

(5) Messergebnisse nach § 35 Absatz 7 Satz 3, die vor dem 1. November

2011 aufgezeichnet worden sind, sind nach der jeweiligen Feststellung 30 Jahre lang aufzubewahren.

(6) Bei vor dem 1. Juli 2002 bestellten Strahlenschutzbeauftragten gilt die erforderliche Fachkunde im Strahlenschutz im Sinne des § 18a Abs. 1 als erworben und bescheinigt. Eine vor dem 1. Juli 2002 erfolgte Bestellung zum Strahlenschutzbeauftragten gilt fort, sofern die Aktualisierung der Fachkunde entsprechend § 18a Abs. 2 bei Bestellung vor 1973 bis zum 1. Juli 2004, zwischen 1973 bis 1987 bis zum 1. Juli 2005, nach 1987 bis zum 1. Juli 2007 nachgewiesen wird. Eine vor dem 1. Juli 2002 erworbene Fachkunde gilt fort, sofern die Aktualisierung der Fachkunde bei Erwerb der Fachkunde vor 1973 bis zum 1. Juli 2004, bei Erwerb zwischen 1973 bis 1987 bis zum 1. Juli 2005, bei Erwerb nach 1987 bis zum 1. Juli 2007 nachgewiesen wird. Die Sätze 1 bis 3 gelten entsprechend für die Ärzte nach § 41 Abs. 1 Satz 1, für Strahlenschutzverantwortliche, die die erforderliche Fachkunde im Strahlenschutz besitzen und die keine Strahlenschutzbeauftragten bestellt haben, und für Personen, die die Fachkunde vor dem 1. Juli 2002 erworben haben, aber nicht als Strahlenschutzbeauftragte bestellt sind.

(7) Bei vor dem 1. Juli 2002 tätigen Personen im Sinne des § 3 Abs. 4 Satz 2 Nr. 3, § 24 Abs. 1 Nr. 3 und Abs. 2 Nr. 4 und § 29 Abs. 2 Nr. 3 gilt Absatz 6 Satz 3 für die erforderlichen Kenntnisse im Strahlenschutz im Sinne des § 18a Abs. 3 entsprechend.

(8) Personen, die als Hilfskräfte nach § 23 Nr. 4 dieser Verordnung in der vor dem 1. Juli 2002 geltenden Fassung Röntgenstrahlung am Menschen anwenden durften, sind weiterhin zur technischen Durchführung berechtigt, wenn sie unter ständiger Aufsicht und Verantwortung einer Person nach § 24 Abs. 1 Nr. 1 oder 2 tätig sind und die erforderlichen Kenntnisse im Strahlenschutz besitzen. § 18a Abs. 3 gilt entsprechend.

(9) Die vor dem 1. Juli 2002 für Messstellen nach Landesrecht festgelegte Zuständigkeit gilt als Bestimmung im Sinne des § 35 Abs. 4 Satz 2 fort.

(10) Die vor dem 1. Juli 2002 für die Prüfung von Röntgeneinrichtungen nach § 4 von der zuständigen Behörde erfolgte Bestimmung eines Sachverständigen gilt als Bestimmung nach § 4a fort.

(11) Die vor dem 1. Juli 2002 von der zuständigen Behörde erfolgte Bestimmung einer ärztlichen oder zahnärztlichen Stelle gilt als Bestimmung nach § 17a Abs. 1 fort.

(12) Die in § 2 Nr. 6 Buchstabe e bis g aufgeführten Messgrößen sind spätestens bis zum 1. August 2011 bei Messungen der Personendosis nach § 35 und spätestens bis zum 1. August 2016 bei Messungen der Ortsdosis und Ortsdosisleistung nach § 34 zu verwenden. Unberührt hiervon ist bei Messungen der Ortsdosis oder Ortsdosisleistung unter Verwendung anderer

als der in § 2 Nr. 6 Buchstabe e bis g genannten Messgrößen eine Umrechnung auf die Messgröße nach § 2 Nr. 6 Buchstabe e bis g durchzuführen, wenn diese Messungen dem Nachweis dienen, dass die Grenzwerte der Körperdosis nach den §§ 31a und 32 nicht überschritten werden.

(13) Bis zum 1. Juli 2002 ermittelte Werte der Körperdosis oder der Personendosis gelten als Werte der Körperdosis nach § 2 Nr. 6 Buchstabe c oder der Personendosis nach § 2 Nr. 6 Buchstabe g fort.

(14) Ein Röntgenstrahler für eine Röntgeneinrichtung zur Anwendung von Röntgenstrahlung am Menschen darf, soweit er nicht nach § 4 Abs. 1 Nr. 2 in Verkehr gebracht wird, nur in Betrieb genommen werden, wenn die geltenden Sicherheits- und Strahlenschutzbestimmungen eingehalten werden und wenn er als Ersatz für einen baugleichen Röntgenstrahler für eine Röntgeneinrichtung zur Anwendung von Röntgenstrahlung am Menschen vorgesehen ist, der nach den geltenden Vorschriften dieser Verordnung in der zum Zeitpunkt der Herstellung des Röntgenstrahlers geltenden Fassung in Betrieb genommen wurde und wenn dies durch eine Bescheinigung des Herstellers bestätigt wird.

-

§ 46

(weggefallen)

-

§ 47 Berlin-Klausel

(gegenstandslos)

-

§ 48

(Inkrafttreten, abgelöste Vorschrift)

-

Anlage 1 (zu § 8 Abs. 1 Satz 1)
Vorschriften über die Bauart von Röntgenstrahlern, die zur Anwendung von Röntgenstrahlung am Tier bestimmt sind (Röntgenstrahler in Röntgeneinrichtungen für tiermedizinische Zwecke, soweit sie nicht nach den Vorschriften des Medizinproduktegesetzes erstmalig in Verkehr gebracht sind)

(Fundstelle: BGBl. I 2003, 63; bzgl. einzelner Änderungen vgl. Fußnote)
Bei Röntgenstrahlern für tiermedizinische Zwecke darf die über einen je nach Anwendung geeigneten Zeitraum gemittelte Ortsdosisleistung bei geschlossenem Strahlenaustrittsfenster und bei den vom Hersteller oder Einführer angegebenen maximalen Betriebsbedingungen

1.

   in 1 Meter Abstand vom Brennfleck nicht höher sein als 1 Millisievert durch Stunde und

2.

   in 0,1 Meter Abstand von der berührbaren Oberfläche des Röntgenstrahlers, ausgenommen dem Bereich der Oberfläche, in dem sich das Strahlenaustrittsfenster befindet, 100 Mikrosievert durch Stunde nicht überschreiten, sofern die Röntgenstrahler für eine Anwendung aus der Hand geeignet sind.

-

Anlage 2 (zu § 8 Abs. 1 Satz 1)
Vorschriften über die Bauart von Röntgenstrahlern und Röntgeneinrichtungen, die zur Anwendung in den in § 30 bezeichneten Fällen bestimmt sind (Röntgeneinrichtungen für nichtmedizinische Zwecke), und von Störstrahlern (§ 5 Abs. 3)

(Fundstelle: BGBl. I 2003, 632 - 633; bzgl. einzelner Änderungen vgl. Fußnote)

1.

   Röntgenstrahler
Bei Röntgenstrahlern, bei denen der Untersuchungsgegenstand vom Schutzgehäuse nicht mit umschlossen wird, muss sichergestellt sein, dass die in Nummer 1.1 und 1.2 angegebenen Werte eingehalten werden.
1.1

   Bei Röntgenstrahlern für Röntgenfeinstrukturuntersuchungen wie Röntgenbeugung, Röntgenmikroradiografie sowie Röntgenspektralanalyse darf die Ortsdosisleistung bei geschlossenen Strahlenaustrittsfenstern und den vom Hersteller oder Einführer angegebenen maximalen Betriebsbedingungen in 1 Meter Abstand vom Brennfleck 3 Mikrosievert durch Stunde nicht überschreiten.

1.2

Bei den übrigen Röntgenstrahlern darf die über einen je nach Anwendung geeigneten Zeitraum gemittelte Ortsdosisleistung bei geschlossenen Strahlenaustrittsfenstern und den vom Hersteller oder Einführer angegebenen maximalen Betriebsbedingungen in 1 Meter Abstand vom Brennfleck folgende Werte nicht überschreiten:

1.2.1

bei Nennspannungen bis 200 Kilovolt 2,5 Millisievert durch Stunde,

1.2.2

bei Nennspannungen über 200 Kilovolt und bis 500 Kilovolt 10 Millisievert durch Stunde,

1.2.3

bei Nennspannungen über 200 Kilovolt und bis 500 Kilovolt nach Herunterregeln auf eine Röntgenspannung von 200 Kilovolt 2,5 Millisievert durch Stunde.

2.

Hochschutzgeräte

Bei Hochschutzgeräten muss sichergestellt sein, dass

2.1

das Schutzgehäuse außer der Röntgenröhre oder dem Röntgenstrahler auch den zu behandelnden oder zu untersuchenden Gegenstand vollständig umschließt,

2.2

die Ortsdosisleistung im Abstand von 0,1 Meter von der berührbaren Oberfläche des Schutzgehäuses - ausgenommen Innenräume nach Nummer 2.3.1 - bei den vom Hersteller oder Einführer angegebenen maximalen Betriebsbedingungen 10 Mikrosievert durch Stunde nicht überschreitet,

2.3

die Röntgenröhre oder der Röntgenstrahler nur bei vollständig geschlossenem Schutzgehäuse betrieben werden kann. Dies gilt nicht für

2.3.1

Schutzgehäuse, in die ausschließlich hineingefasst werden kann, wenn die Ortsdosisleistung im erreichbaren Teil des Innenraumes bei den vom Hersteller oder Einführer angegebenen maximalen Betriebsbedingungen 0,25 Millisievert durch Stunde nicht überschreitet, oder

2.3.2
Untersuchungsverfahren, die einen kontinuierlichen Betrieb des Röntgenstrahlers erfordern, wenn die Ortsdosisleistung im Innern des geöffneten Schutzgehäuses 10 Mikrosievert durch Stunde nicht überschreitet.

3.
Vollschutzgeräte
Bei Vollschutzgeräten muss

3.1
sichergestellt sein, dass

3.1.1
das Schutzgehäuse außer der Röntgenröhre oder dem Röntgenstrahler auch den zu behandelnden oder zu untersuchenden Gegenstand vollständig umschließt,

3.1.2
die Ortsdosisleistung im Abstand von 0,1 Meter von der berührbaren Oberfläche des Schutzgehäuses 3 Mikrosievert durch Stunde bei den vom Hersteller oder Einführer angegebenen maximalen Betriebsbedingungen nicht überschreitet,

3.2
durch zwei voneinander unabhängige Vorrichtungen sichergestellt sein, dass

3.2.1
die Röntgenröhre oder der Röntgenstrahler nur bei vollständig geschlossenem Schutzgehäuse betrieben werden kann oder

3.2.2
bei Untersuchungsverfahren, die einen kontinuierlichen Betrieb des Röntgenstrahlers erfordern, das Schutzgehäuse während des Betriebes des Röntgenstrahlers nur bei geschlossenem Strahlenaustrittsfenster geöffnet werden kann und hierbei im Inneren des Schutzgehäuses die Ortsdosisleistung 3 Mikrosievert durch Stunde nicht überschreitet.

4.
Schulröntgeneinrichtungen
Bei Schulröntgeneinrichtungen muss sichergestellt sein, dass

4.1
die Vorschriften der Nummer 3 erfüllt sind und

4.2

die vom Hersteller oder Einführer angegebenen maximalen Betriebsbedingungen nicht überschritten werden können.

5.

Störstrahler

Bei einem Störstrahler, der bauartzugelassen werden soll, muss sichergestellt sein, dass

5.1

die Ortsdosisleistung im Abstand von 0,1 Meter von der berührbaren Oberfläche des Störstrahlers 1 Mikrosievert durch Stunde bei den vom Hersteller oder Einführer angegebenen maximalen Betriebsbedingungen nicht überschreitet,

5.2

der Störstrahler auf Grund technischer Maßnahmen nur dann betrieben werden kann, wenn die dem Strahlenschutz dienenden Vorrichtungen vorhanden und wirksam sind.

6.

Basisschutzgeräte

Bei Basisschutzgeräten muss sichergestellt sein, dass

6.1

das Schutzgehäuse außer der Röntgenröhre oder dem Röntgenstrahler auch den zu behandelnden oder zu untersuchenden Gegenstand so umschließt, dass ausschließlich Öffnungen zum Ein- und Ausbringen des Gegenstandes vorhanden sind,

6.2

die Ortsdosisleistung im Abstand von 0,1 Metern von der berührbaren Oberfläche des Schutzgehäuses und im Abstand von 0,1 Metern vor den Öffnungen 10 Mikrosievert durch Stunde bei den vom Hersteller oder Einführer angegebenen maximalen Betriebsbedingungen nicht überschreitet,

6.3

die Röntgenröhre oder der Röntgenstrahler nur bei vollständig geschlossenem Schutzgehäuse betrieben werden kann. Dies gilt nicht für

6.3.1

Öffnungen im Schutzgehäuse gemäß Nummer 6.1, wenn das Ein- und Ausbringen des zu behandelnden oder zu untersuchenden Gegenstandes ausschließlich mittels Probenwechsler oder Fördereinrichtung geschieht und die Abmessungen der Öffnungen diesem Zweck angepasst sind, oder

6.3.2

Untersuchungsverfahren, die einen kontinuierlichen Betrieb des Röntgenstrahlers erfordern, wenn die Ortsdosisleistung im Innern des geöffneten Schutzgehäuses 10 Mikrosievert durch Stunde nicht überschreitet.

-

Anlage 3 (zu § 31a)
Gewebe-Wichtungsfaktoren

Fundstelle des Originaltextes: BGBl. I 2003, 634

Gewebe oder Organe	Gewebe-Wichtungsfaktoren W(tief)T
Keimdrüsen	0,20
Knochenmark (rot)	0,12
Dickdarm	0,12
Lunge	0,12
Magen	0,12
Blase	0,05
Brust	0,05
Leber	0,05
Speiseröhre	0,05
Schilddrüse	0,05
Haut	0,01
Knochenoberfläche	0,01
Andere Organe oder Gewebe 1), 2)	0,05

1)

Für Berechnungszwecke setzen sich andere Organe oder Gewebe wie folgt zusammen: Nebennieren, Gehirn, Dünndarm, Niere, Muskel, Bauchspeicheldrüse, Milz, Thymusdrüse und Gebärmutter.

2)

In den außergewöhnlichen Fällen, in denen ein einziges der anderen Organe oder Gewebe eine Äquivalentdosis erhält, die über der höchsten Dosis in einem der zwölf Organe liegt, für die ein Wichtungsfaktor angegeben ist, sollte ein Wichtungsfaktor von 0,025 für dieses Organ oder Gewebe und ein Wichtungsfaktor von 0,025 für die mittlere Organdosis der restlichen anderen Organe oder Gewebe gesetzt werden.

-

Anlage 4 (zu § 38 Abs. 1 Satz 3)
Ärztliche Bescheinigung nach § 38 der Röntgenverordnung
(Fundstelle: BGBl. I 2003, 635; bzgl. einzelner Änderungen vgl. Fußnote)

```
-------------------------------------------------------------------
               ---------------------------------------
                  I Personalnummer               I
Strahlenschutzverantwortlicher    I I I I I I I I I I I I I I I
(Unternehmen, Dienststelle usw.)  I----------------------------------------I
                  I gegebenenfalls Registrier-Nr. des   I
                  I Strahlenpasses                I
                  I I I I I I I I I I I I I I I I I
               ---------------------------------------
                  Herr/Frau
                  Name        ...........................
                  Vorname     ...........................
                  geb. am     ...........................
                  Straße      ...........................
                  Wohnort     ...........................
                  wurde von mir
                  am ........................... untersucht.
Beurteilung
-------------------------------------------------------------------
```

Es bestehen derzeit gegen eine Wahrnehmung von Aufgaben im Bereich Röntgenstrahlung

I   keine gesundheitlichen Bedenken   ( )

II   gesundheitliche Bedenken gegen Tätigkeit im   ( )
    Kontrollbereich   ( )

Hinweis: Die Beurteilung umfasst nicht sonstige arbeitsmedizinische Vorsorgeuntersuchungen nach anderen Rechtsvorschriften. Hält der Strahlenschutzverantwortliche oder die beruflich strahlenexponierte Person die vom Arzt nach § 41 Abs. 1 Satz 1 in der Bescheinigung nach § 38 getroffene Beurteilung für unzutreffend, so kann die Entscheidung der zuständigen Behörde beantragt werden.

```
-------------------------------------------------------------------
```

Bemerkungen:

Nächste Beurteilung oder Untersuchung:

Ort, Datum   Unterschrift   Stempel mit Anschrift des Arztes
                  nach § 41 Abs. 1 Satz 1 RöV

-

Anlage 5 (zu § 2a Absatz 3)

(Fundstelle: BGBl. I 2011, 2054 - 2055)

Liste der nicht gerechtfertigten Tätigkeitsarten

Teil A

Anwendung von
Röntgenstrahlung zur Untersuchung
oder Behandlung von Menschen (Medizin)

1.

Anwendung von Röntgenstrahlung am Menschen zur Darstellung des
Zahnstatus mit intraoraler Anode,

2.

Anwendung von Röntgenstrahlung am Menschen zur
Pneumenzephalographie.

Teil B

Anwendung von Röntgenstrahlung außerhalb der Medizin

1.

Anwendung von Röntgenstrahlung am Menschen zur Zutrittskontrolle
oder Suche von Gegenständen, die eine Person an oder in ihrem
Körper verbirgt, soweit die Anwendung nicht

a)

auf Grund eines Gesetzes erfolgt und unter Berücksichtigung aller
Umstände des Einzelfalls zur Erledigung hoheitlicher Aufgaben
notwendig ist oder

b)

im Geschäftsbereich des Bundesministeriums der Verteidigung
zum Zweck der Verteidigung oder der Erfüllung
zwischenstaatlicher Verpflichtungen zwingend erforderlich ist.

2.

82

Anwendung von Röntgenstrahlung am Menschen zur Überprüfung der Passfähigkeit von Kleidungsstücken.

www.ingramcontent.com/pod-product-compliance
Lightning Source LLC
Chambersburg PA
CBHW070843180526
45168CB00002B/940